La banque pour néophytes

L'abécédaire des opérations bancaires du guichet à la caisse

Avec un bonus de 200 QCM & leurs réponses

Collection « Études africaines »

dirigée par Denis Pryen et son équipe

Forte de plus de mille titres publiés à ce jour, la collection « Études africaines » fait peau neuve. Elle présentera toujours les essais généraux qui ont fait son succès, mais se déclinera désormais également par séries thématiques : droit, économie, politique, sociologie, etc.

Dernières parutions

Auguy MAKEY, *Misère de la philosophie négro-africaine*, 2017.

Edwige KOUADIO, *Du fosterage à l'adoption plénière. L'adoption des enfants de la pouponnière d'Adjamé (Abidjan, Côte d'Ivoire)*, 2017.

Patrice MOUNDZA, *Le quotidien des artères urbaines du Congo*, 2017.

Jean-Emery ETOUGHE-EFE, *Les bars populaires de Libreville. Des construits de sociabilités*, 2017.

Guy MVELLE et Laurent ZANG (Dir.), *L'Union africaine quinze ans après, Tome 2*, 2017.

Guy MVELLE et Laurent ZANG (Dir.), *L'Union africaine quinze ans après, Tome 1*, 2017.

Joachim Emmanuel GOMA-THETHET, Marcel IPARI, Raymond Timothée MACKITHA, *Introduction à l'histoire et aux civilisations des peuples de la Lékoumou (Congo)*, 2017.

Alhousseini MOULOUL, *L'intégration économique et juridique en Afrique*, 2017.

Martial JEUGUE DOUNGUE, *La garantie des droits fondamentaux au Cameroun*, 2017.

Mamadou Billo BARRY, *Gouvernance et coopération internationale en éducation, Le cas de la Guinée*, 2017.

Christine THÉODORE, *Objets d'initiation. Rencontre avec un chasseur dozo. Échanges d'objets d'initiation et modifications des interactions*, 2017.

Pierre GIGUÈRE, *L'accès à l'habitat dans l'Afrique des villes. Un toit pour l'Afrique*, 2017.

Daniel MULENDA LOMENA EMAMBA, *La gestion de l'intégration des entreprises par la préservation des écosystèmes naturels*, 2017.

Ces dix derniers titres de la collection sont classés
par ordre chronologique en commençant par le plus récent.
La liste complète des parutions, avec une courte présentation
du contenu des ouvrages, peut être consultée
sur le site www.harmattan.fr

Tidiani Sidibe

La banque pour néophytes

L'abécédaire des opérations bancaires du guichet à la caisse

Avec un bonus de 200 QCM & leurs réponses

L'Harmattan

Du même auteur

L'essentiel du management d'une banque commerciale, L'Harmattan, 2016, Paris.

La pratique de l'activité bancaire & financière en zone Uemoa, L'Harmattan, 2016, Paris.

Les chantiers de mise en place du dispositif Bâle II et Bâle III & les normes IFRS/IAS : quelques pistes de réflexion pour les banques africaines, Edition, Munich Personal RePEc Archive Paper N°65848 du 30 juillet 2015, Allemagne.

Le Mali doit-il rester dans la zone Franc ?, Edition, Munich Personal RePEc Archive Paper N° 66275 du 27 Août 2015, Allemagne.

5-7, rue de l'École-Polytechnique, 75005 Paris
http://www.editions-harmattan.fr
ISBN : 978-2-343-12316-5
EAN : 9782343123165

Je dédie volontiers ce modeste travail, à taille humaine, à ma très chère défunte sœur Ramatoulaye SAMAKE affectueusement appelée « Matou pour les uns ou Marie-Ange pour les autres ». Tu nous as quittés dans la fleur de l'âge. Plaise au Bon Dieu d'accueillir ton âme dans son Grand Paradis. Amen.

« Toute âme goûtera la mort. Mais c'est seulement au Jour de la Résurrection que vous recevrez votre entière rétribution. Quiconque donc est écarté du Feu et introduit au Paradis, a certes réussi. Et la vie présente n'est qu'un objet de jouissance trompeuse ».

Saint Coran, S3 :185

SOMMAIRE

INTRODUCTION GENERALE

Au 16ème siècle, la banque est « la table de changeur ou de commerçant, le lieu où se fait le trafic, le commerce de l'argent ». Le terme « banque » correspond à une forme féminine de « *banc* » et dérive de l'italien « *banca* » introduit en France lors de l'installation des banques italiennes à Lyon (France). On comprend par ces origines commerciales que la banque correspond au lieu d'échange entre les personnes qui souhaitent déposer, placer leur argent et ceux qui souhaitent emprunter une somme d'argent[1].

Dans ce chapitre introductif, les spécificités de l'activité bancaire ainsi que la connaissance de l'environnement bancaire peuvent s'appréhender à travers la maîtrise des concepts suivants :

- Le métier d'intermédiation
- L'argent : matière première
- La création monétaire
- Le quasi-monopole des opérations de change
- Les modèles de banque universelle à réseau
- Les principales activités
    - *La collecte des dépôts*
    - *La distribution des crédits*
    - *Les services (caisse et guichet par exemple)*

☞ **Le métier d'intermédiation**

Par définition, les banques universelles à réseau ou banques de détail[2] sont des établissements de crédit détenant le pouvoir de création de la monnaie. Elles font profession habituelle de recevoir du public des fonds qu'elles emploient pour leurs propres comptes en opérations d'escompte, opérations de crédit ou opérations financières[3] (métier d'intermédiation). Cette définition nous renvoie donc à deux fonctions imbriquées qu'ont les banques à savoir une fonction commerciale –

---

[1] Observatoire des métiers de la Banque : étude sur les métiers du risque et du contrôle dans la banque édition 2014.

[2] Banques primaires ou banques commerciales.

[3] Financement de marché : les 3D (dérégulation, désintermédiation et décloisonnement) et la ré-intermédiation. Cf. de Boissieu *et al.* Les systèmes financiers, mutations crises et régulations, édition Economica 2004.

liée à leurs activités d'intermédiation – et une fonction économique – liée à la création de richesse et d'emplois, moteur de la croissance économique – autour desquelles elles doivent s'organiser conformément à la règlementation et aux réalités du marché.

A côté de ces opérations susmentionnées, il y a, également, les opérations connexes de banque : virement, transfert, change, location de coffre-fort, mobile money, etc.

☞ **L'argent : matière première**
De façon triviale, la banque est une entreprise très spécifique car elle fait le commerce de l'argent[4] constituant sa matière première. Elle évolue dans un environnement fortement concurrentiel dont la connaissance est *sine qua none* pour l'exercice de toute activité bancaire.

☞ **La création monétaire**
La transformation d'échéance est au cœur même du processus de financement des activités bancaires compte tenu de la nature des ressources bancaires (courte durée très souvent). Toutefois, la banque peut créer de la monnaie dans le cadre des opérations de crédit (escompte, découvert par exemple).

➢ L'escompte
Soit une entreprise A qui détient une créance (une traite) sur une entreprise B pour une durée de 90 jours. Supposons que l'entreprise A souhaite retrouver sa liquidité avant échéance, alors elle fait recours à sa banque et obtient de la liquidité (billets ou monnaie scripturale) en cédant en contrepartie cette créance moyennant le paiement d'un intérêt (escompte). Le schéma pourrait se présenter comme suit :

Banque

Actif	Passif
Créance/B +20	Compte A + 90

[4] Argent ou monnaie. La monnaie est tout actif qui tire son utilité de la fonction dette – paiement qui naît d'une transaction achat/vente (André Chaîneau). La monnaie est tout actif qui permet de réaliser les échanges (Christian de Boissieu).

Entreprise A

Actif	Passif
Créances/B +20 Créances B/ -20 Compte A +20	

Entreprise B

Actif	Passif
	Dette +20

La banque peut créer de la monnaie pour financer l'économie à travers l'acquisition d'un titre financier. Donc, la banque crée de la monnaie par monétisation d'un actif financier.

➢ Le découvert

Par le découvert, la banque finance directement l'entreprise. La banque acquiert une créance sur l'agent économique et crédite son compte :

Banque

Actif	Passif
Créance +100	Compte +100

Entreprise

Actif	Passif
Créance +100	Dette +100

Par ailleurs, la banque centrale[5] constitue un second nœud du processus de création monétaire par les banques commerciales. En effet, les banques se refinancent auprès de la banque centrale. Le besoin de monnaie banque centrale se mesure par le diviseur de crédit :

d = b + r (1- b)
b : coefficient de préférence des billets
r : taux des réserves obligatoires
d : diviseur
Avec b = 10% et r = 2%, on obtient :
d= 10% + 2% (90%) = 11,8%

Appliqué au crédit accordé par exemple 100.000 : 11,8% x 100.000 = 11.800. Cela signifie qu'en acceptant que les banques prêtent 100.000, la banque centrale s'engage à créer 11.800 de monnaie banque centrale.

Lorsque la banque centrale met à la disposition des banques commerciales de la monnaie banque centrale, elles peuvent accorder des prêts qui entraîneront de nouveaux dépôts (les crédits font les dépôts et vice versa), entamant un processus multiplicateur de la base monétaire appelé multiplicateur de crédit. Le multiplicateur de crédit correspond à l'inverse du diviseur :

m = 1/[b + r (1 – b)]
ou
m = 1/d

Dans l'exemple précédant, si la banque centrale abaisse le taux des réserves à 1% et dégage 100.000 de réserves excédentaires pour les banques : d passe à 10,8%. m devient 9,26. Les banques pourront prêter à l'économie cet excédant généré : 100.000 x 9,26 = 926.000.

☞ **Le quasi-monopole des opérations de change**
Bien que faisant des opérations connexes de banque, les banques disposent, à côté des bureaux de change, du quasi-monopole des opérations de change manuel.

[5] La banque centrale a le monopole d'émission des signes monétaires (billets et pièces). Elle est la banque des banques : elle assure la régulation et la supervision du système bancaire. Elle est le gestionnaire des comptes du Trésor Public. Elle définit la politique monétaire et assure la politique de change.

En effet, le change manuel est une opération bancaire par laquelle la banque achète ou vende de l'euro ou des devises à un client. Pour ce faire, sa marge sur le fixing peut être dans la fourchette de ±2 hors taxes.

Les allocations en devises aux voyageurs résidents s'effectuent sous la forme de billets étrangers, de chèque de voyage, de cartes de retrait et de paiement prépayées. Sous la forme de billets étrangers, ces allocations ne peuvent excéder la contre-valeur de deux millions (2.000.000) de francs CFA par personne et par voyage. Et, le voyageur doit justifier d'un titre de voyage et d'un passeport ou carte d'identité en cours de validité (article 2 et 3 de l'instruction N°05/07/2011/RFE relative à la délivrance des allocations en devises aux voyageurs résidents).

Concernant les voyageurs non-résidents, il est exigé une déclaration obligatoire à l'entrée et à la sortie du territoire national de tous moyens de paiement lorsque le montant dépasse un million de francs CFA (1 000 000 FCFA) (article 27 de l'annexe II du règlement N°09/2010/CM/UEMOA/ relatif aux relations financières extérieures des Etats membres de l'union économique et monétaire ouest africaine - UEMOA).

Les conditions d'exercice de l'activité de change manuel sont réglementées par l'instruction N°06/07/2011/RFE relative aux conditions d'exercice de l'activité d'agrément de change manuel. Les autorisations portant agrément de change manuel sont délivrées par arrêté du Ministre de l'Economie et des Finances, après avis conforme de la Banque Centrale (BCEAO).

Par ailleurs, les évolutions technologiques ont poussé les banques à davantage innover en matière de distribution des produits et services bancaires. A ce titre, d'un pays à l'autre, il y a plusieurs modèles de banque universelle à réseau.

☞ **Les modèles de banque universelle à réseau :**

La notion de banque pour la vie est révolue car l'apparition des nouvelles technologies, telles que l'internet et la téléphonie mobile, a profondément modifié les comportements de consommation des personnes utilisatrices des produits et services bancaires.

Sur le plan conceptuel, on peut distinguer plusieurs modèles de banque universelle à réseau en l'occurrence : le modèle intégré « producteur – distributeur » ; le modèle dit d'architecture ouverte ; le modèle de banque en ligne ; et le modèle de paiement mobile (mobile banking ou mobile money).

Le modèle intégré[6] « producteur – distributeur » : principe de la diversification basé sur la verticalité

Dans ce modèle les banques distribuent l'ensemble des produits et services en tant que productrices. La caractéristique de ce modèle intégré est qu'à l'image des organisations industrielles classiques, il autorise la mise en œuvre d'économies d'échelle et d'économies d'envergure. Il est aussi très vraisemblable qu'il apporte plus de sécurité et de stabilité au consommateur. Il y a économie d'échelle ou de dimension (*scale economy*) lors que les coûts décroissent au fur et à mesure de l'augmentation l'échelle de fabrication. Donc, les rendements sont croissants car les coûts augmentent moins vite que la production. Par ailleurs, les économies de gamme ou d'envergure ou de variété (*scope economy*) apparaissent lors que les coûts de production d'un ensemble de produits et services sont inférieurs à la somme des coûts individuels de chaque produit et service. Vu les politiques de ventes croisées (*crossselling*) à travers des offres packagées, les banques semblent particulièrement concernées par les économies de gamme.

L'approche intégrée demande la création d'une filiale *ex nihilo*[7] avec comme corolaire un investissement élevé. En revanche, la culture d'entreprise est maintenue dans la nouvelle structure. A titre illustratif, on peut citer les pays suivants comme exemple de modèle intégré : la France ; le Pays-Bas; la Belgique.
Dans le domaine de la bancassurance, les banques françaises détiennent 73% de la banque de détail hors assurance selon Bain & compagny 2010 ; et 64% du marché de l'assurance vie selon Swiss Re Sigma 2007. Le modèle économique des banques françaises est orienté client c'est-à-dire la recherche d'un taux d'équipement élevé des consommateurs en services bancaires via le réseau physique et le multicanal. Sa réussite est surtout liée à la densité du réseau.

---

[6] Rapport sur la tarification des services bancaires en France juillet 2010.
[7] A partir de rien ou en anglais « from scratch ».

Le modèle dit d'architecture ouverte : principe de la spécialisation des intervenants basé sur l'horizontalité

Dans ce modèle les banques distribuent les produits et services de plusieurs établissements spécialisés comme par exemple ceux des sociétés d'assurance dans le domaine de la bancassurance. Cela suppose moins d'investissement, peu de risque et l'accroissement des marges de distribution. Ce modèle est limité en France tandis qu'il est très répandu notamment au Royaume-Uni, en Allemagne, et aux Etats Unis. Il propose à la clientèle une diversité de services offerts en mettant en concurrence les sociétés spécialisées et leur permettre par là même une fidélisation de cette clientèle car elle aura à choisir entre plusieurs options à des prix et qualités différentes, chose qui n'est pas aisée avec un modèle intégré à la française. Toutefois, la différence se trouve au niveau de la force de vente[8].

Le modèle de banque à distance :

Sous la pression des nouvelles technologies, les banques ont proposé de nouveaux canaux d'accès à leurs produits et services qui constituent la banque à distance. La banque à distance peut être définie comme « toute activité bancaire destinée à un client ou à un prospect, se déroulant à partir d'un point de service électronique (téléphone, micro-ordinateur, téléviseur, distributeur automatique de billets DAB, guichet automatique de banque GAB), et utilisant un système de télécommunication tel que le réseau téléphonique, la télévision par satellite TPS, le minitel ou internet » (Villates, 1997)[9].

Aujourd'hui, la banque à distance est largement dominée par deux sous modèles : le sous modèle de banque en ligne (internet) ; et le sous modèle de paiement mobile (mobile banking ou mobile money). Ces deux sous modèles sont même érigés en modèle par certains auteurs.

La banque en ligne : internet banking

Elle devenue une composante essentielle du nouveau modèle bancaire. Les clients préfèrent les canaux directs qui leur donnent un accès à distance 24 heures sur 24 et 7 jours sur 7 et par conséquent éviter les

---

[8] Tidiani SIDIBE, L'essentiel du management d'une banque commerciale : management de la force de vente, stratégies et marketing bancaires, pp47-75 ; l'Harmattan, Paris novembre 2016.

[9] Cité par Alain Capiez dans « Nouvelles technologies et performance, le cas de la banque à distance », https://halshs.archives-ouvertes.fr/halshs-00584612

opérations au sein de leurs agences bancaires. C'est ainsi que les banques ont réagi en proposant des sites web à ergonomie conviviale contenant des offres alléchantes.
La banque en ligne offre des avantages multiples à la banque et à ses clients : confort (plus pratique pour les clients) ; ubiquité (accès à tout moment et à tout lieu) ; réduction de coût pour la banque (moins de ressources humaines).
La banque en ligne est fortement concurrentielle. Deux types de banques opèrent[10] : « *les pure players* » uniquement présents sur internet sans agence physique (exemple : Bousorama ; ING direct) et les « *brick and mortar* » issus des banques traditionnelles.

Les paiements mobiles : mobiles banking
Les paiements mobiles sont considérés comme la prochaine grande innovation dans la distribution des services bancaires et financiers en faveur des particuliers. La téléphonie mobile est devenue le point d'accès à des services et biens, physiques comme virtuels.

Le mobile banking, stricto sensu, désigne les services financiers par téléphone portable, offerts par les établissements de crédit. Il s'agit principalement de services de consultation de soldes, de paiement de factures, d'émission de cartes prépayées et de transfert d'argent.

Le concept, lato sensu, s'étend à l'ensemble des services financiers pouvant être offerts avec ou sans compte bancaire par tout établissement agréé à cet effet.

Le cadre réglementaire régissant le mobile banking dans l'Uemoa est constitué des dispositions du Règlement n°15/2002/CM/UEMOA du 19 septembre 2002, relatif aux systèmes de paiement dans l'Uemoa ainsi que celles de l'instruction n°01/SP/2006 du 31 juillet 2006 du Gouverneur de la Banque Centrale (BCEAO) relative à la monnaie électronique et aux établissements de monnaie électronique. Ces dispositions ont ouvert le champ à l'émergence d'acteurs bancaires et non bancaires offrant des services basés sur la monnaie électronique dont le mobile banking.

---

[10] Bearingpoint : banque de détail, regagner la confiance des clients, 2012.

Aux termes des présents textes sus évoqués, toute structure désirant émettre des moyens de paiement sous forme de monnaie électronique et offrir des prestations de mobile banking doit obtenir un agrément en qualité de banque[11] ou d'établissement de monnaie électronique (EME). Subséquemment, il existe deux types de modèles : le modèle bancaire concerne un établissement de crédit en partenariat ou non avec un opérateur de téléphone et le modèle non bancaire qui exige l'obtention d'un agrément de type EME. Le premier modèle type banque/opérateur téléphonique domine largement le marché (26 banques/opérateurs ; 5 EME et 1 IMF en fin 2014 selon la banque centrale)[12]. En clair, un compte de monnaie électronique est créé à partir du numéro de téléphone de la personne préalablement bien identifiée par cet opérateur. Ce compte enregistre des dépôts, retraits et paiement de facture (électricité, eau, abonnements, etc.). Les possibilités de micro crédits et micro assurances sont également en études par les opérateurs.

Toutefois, le *business model* des banques reste essentiellement axé sur le drainage des ressources ; le financement des activités et les opérations de service (caisse et guichet par exemple).

☞ **Les principales activités d'une banque**

On peut bien évidemment résumer les principales activités d'une banque comme étant :

- *La collecte des dépôts (charges d'intérêt)*
- *La distribution des crédits (revenus d'intérêt)*
- *Les services (revenus de commission)*

Concernant ce dernier point, on peut s'intéresser au service caisse et de guichet de la banque objet du présent ouvrage qui sera traité en trois (03) chapitres à savoir :

1. La gestion des opérations courantes d'un guichet bancaire
2. La gestion des opérations courantes d'une caisse bancaire
3. La force de vente & la gestion des risques liés aux opérations de guichet/caisse

---

[11] Conformément aux dispositions de l'article 3 de la Loi portant réglementation bancaire

[12] BCEAO : rapport annuel 2014 sur les services financiers via téléphone mobile.

Chapitre I

La gestion des opérations bancaires de guichet

Dans ce chapitre, nous allons passer au peigne fin les aspects techniques et commerciaux que requièrent l'exercice de la fonction de guichetier payeur. Il s'agit bien évidemment de comprendre d'une part l'étendue des rôles et missions d'un guichetier et d'autre part de cerner les subtilités règlementaires des instruments de paiement (chèques, cartes, traite, etc.) qui font partie intégrante des techniques bancaires classiques.

A cet égard, les points ci-après seront abordés :

- ☞ Les rôles et devoirs du guichetier payeur au sein d'une agence bancaire
- ☞ La gestion des moyens de paiement
- ☞ Les missions et fonctions des guichetiers et,
- ☞ Les aspects commerciaux de la fonction de guichetier

I. Les rôles et devoirs du guichetier payeur au sein d'une agence bancaire[13]

Le système de guichetier payeur au sein de la banque implique la conjugaison des trois (03) éléments de savoir (le savoir : la **C**onnaissance; le savoir-faire : la **C**ompétence et le savoir-être : le **C**omportement) ou la maîtrise des « C ». Par voie de conséquence, ce système présente plus d'avantages que le système de caissier simple[14] dans la mesure où il offre à la banque plus de sécurité basée sur la séparation des tâches gage de prévention et maîtrise de risques.

Nous allons voir dans les points qui suivent l'étendue des rôles et devoirs du guichetier payeur.

1. Définition du concept

Le concept de guichetier payeur trouve sa substance dans une approche orientée client dans laquelle un agent du front office (guichetier payeur) en agence bancaire s'interpose entre les clients et caissiers/cadres bancaires dans le cadre des opérations bancaires (retrait/versement ; mise à disposition ; ouverture/clôture de compte ; fonctionnement du compte ; vente des produits ; etc.). Il s'agit véritablement d'un premier niveau de contact clientèle dont la qualité aura indubitablement des retombées sur la prise de décision des consommateurs de services bancaires. En plus, le concept s'avère novateur en termes de prévention et maîtrise de risques (risque de fraudes, risque de pertes, risque d'erreur, risque de falsification, etc.).

---

[13] Cette partie est également traitée en détail dans le chapitre suivant consacré à la technique de gestion courante d'une caisse.

[14] Dans le système de caissier simple, les clients se présentent directement à la caisse pour leurs opérations de retrait/versement sans passer par le guichetier qui constitue un important niveau de traitement et de filtrage. D'où des risques d'erreur élevés car les caissiers ont pour cœur de métier la manipulation des fonds et non les vérifications de premier niveau qui incombent naturellement aux guichetiers payeurs.

2. La fonction de guichetier payeur

La fonction principale d'un guichetier payeur est une première prise en charge de tous les clients de son agence bancaire en vue du traitement diligent de leurs opérations bancaires qui peuvent être de nature variée notamment : l'accueil-orientation ; les renseignements sur produits et ventes ; le traitement des retraits/versements ; la mise à disposition, les remises de chèques et effets, et les opérations relatives aux cartes monétiques, etc.

Cette fonction de guichetier payeur est la clé de voûte dans la gestion de la relation clientèle au sein d'une agence bancaire. Elle implique bien évidemment beaucoup de responsabilité.

3. Le niveau de responsabilité du guichetier payeur

Le niveau de responsabilité du guichetier payeur est élevé en termes de prise en charge de plusieurs opérations.

Le métier de guichetier payeur est accessible à partir d'un niveau bac à bac +2 en banque/assurance, économie, gestion et formation similaire. Le niveau de responsabilité est très important car il est la vitrine de la banque en étant très généralement le premier contact clientèle au sein d'une agence bancaire. Son image doit être soignée et orientée vers la culture d'entreprise de la banque (gestion des risques par exemple).

Le guichetier peut évoluer vers le niveau de responsable de guichet et encadrer ainsi une équipe chargé de l'accueil et des opérations de caisse (mouvements courants avec la clientèle). Par la suite, il peut accéder à des postes de conseiller clientèle ou conseiller financier.

4. Connaissance de l'environnement bancaire

La connaissance de l'environnement bancaire est partie intégrante des compétences que doit obligatoirement acquérir un guichetier payeur. Il s'agit d'une vision macro de l'ensemble des acteurs du secteur bancaire. Pour ce faire, il doit comprendre les réalités de la concurrence sur sa place bancaire pour aller vers une démarche distinctive dans sa prestation de services à la clientèle.

En outre, le guichetier doit comprendre le fonctionnement des textes légaux et règlementaires sur les opérations bancaires.

5. L'accueil et la gestion de la relation avec le client
L'une des principales tâches figurant sur la fiche de poste[15] d'un guichetier est l'accueil et la gestion de la relation clientèle. En effet, le guichetier a une double casquette : il est à la fois commercial et opérationnel. Cela engendre la conjugaison de plusieurs compétences en techniques commerciales et bancaires. Dans cette veine, le guichetier doit être à même de gérer les moments difficiles de la relation clientèle en ayant une bonne qualité communicationnelle et relationnelle avec des argumentaires solides.

Quant à la banque, elle doit instaurer une culture d'accueil basée sur des codes précis et uniformes : manière de saluer ; manière de parler ; manière de serrer la main ; manière d'installer ; tenue vestimentaire ; etc.

6. La connaissance des produits bancaires
Dans une démarche micro, le guichetier est le premier vendeur de la banque car très généralement il est le premier contact de la clientèle en agence. Il doit impérativement connaître l'ensemble des produits et services de la banque et savoir les vendre aux clients. Pour ce faire, il doit être en formation permanente pour pouvoir développer des argumentaires commerciaux face à une clientèle de plus en plus avisée. Il doit connaître les caractéristiques de chaque produit bancaire avec leurs avantages pour les clients.

Donc, en sus de la connaissance des produits, l'objectif ultime pour la banque est de faire du chiffre en vendant le plus possible ses produits et services sous contrainte d'un faible taux de casse. Cela figure dans les objectifs commerciaux qui lui sont assignés en début d'année.

Dans la pratique, les techniques de ventes croisées (offres packagées) sont privilégiées dans le but de fidéliser le client. Quant aux prospects, le guichetier doit pouvoir les transformer en clients dès le premier contact.

7. Les conditions d'ouverture de comptes
Le guichetier est également en charge des ouvertures de compte au sein d'une agence bancaire. Pour ce faire, il doit être en phase avec les

[15] Notion similaire à l'anglicisme « Job description ».

conditions d'ouverture de comptes de sa banque. Les documents requis pour les différents types de comptes sont les suivants.

Comptes chèques pour les particuliers :

- Copie légalisée de la carte nationale d'identité ou tout autre document suffisant (passeport, carte professionnelle, carte d'identité nationale), en cours de validité ;

- Certificat de résidence ou tout autre document justifiant l'adresse actuelle ;

- Adresse professionnelle ou domiciliataire ;

- Deux photos d'identité.

Compte d'épargne pour les particuliers :

- Copie légalisée de la carte nationale d'identité ou tout autre document suffisant (passeport, carte professionnelle, carte d'identité nationale), en cours de validité ;

- Certificat de résidence ou tout autre document justifiant l'adresse actuelle ;

- Deux photos d'identité.

Comptes commerciaux pour les commerçants :

- Copie légalisée de la carte nationale d'identité ou tout autre document suffisant (passeport, carte professionnelle, carte d'identité nationale), en cours de validité ;

- Copie légalisée de l'extrait d'immatriculation au registre du commerce ;

- Deux photos d'identité.

Comptes commerciaux pour les sociétés et GIE :

- Copie légalisée de l'extrait d'immatriculation au registre du commerce ;

- Statuts ;

- Acte de nomination des dirigeants ;

- Photocopie légalisée des cartes d'identité des signataires en cours de validité ;

- Deux photos d'identité de chaque signataire ;

Comptes commerciaux pour les associations :

- Statuts ;

- Récépissé délivré par le Ministère de l'intérieur ;

- Photocopie légalisée des cartes d'identité des signataires ;
- Deux photos d'identité de chacun des signataires.

Comptes des sociétés en voie de constitution :

L'auxiliaire de justice habilité doit établir une lettre de demande d'ouverture d'un compte précisant les informations suivantes :

- Société en voie de constitution

- Noms, Prénoms des personnes ayant souscrit au capital social

- Le montant du capital social attendu

Le compte ne sera ouvert que sur présentation de la photocopie certifiée conforme du registre du commerce ou de la lettre de l'auxiliaire de justice habilité attestant la création de la société.

8. Les notions de droit bancaire applicables aux opérations courantes de guichets (secret bancaire, Lutte contre le blanchiment, respect du droit OHADA)

Le secret bancaire :

Les banquiers sont tenus au secret professionnel (ou secret bancaire) comme dans la plupart des professions. Toutefois, ce secret peut être levé sous certaines conditions précises en faveur des administrations et personnes physiques.

La loi cadre portant règlementation bancaire de la zone Uemoa stipule, in extenso, en son article 30 : « *Les personnes qui concourent à la direction, à l'administration, à la gérance, au contrôle ou au fonctionnement des établissements de crédit, sont tenues au secret profes-*

sionnel, sous réserve des dispositions de l'article 53, dernier alinéa. Il est interdit aux mêmes personnes d'utiliser les informations confidentielles dont elles ont connaissance dans le cadre de leur activité, pour réaliser directement ou indirectement des opérations pour leur propre compte ou en faire bénéficier d'autres personnes ».

Cependant, l'article 53 de la même loi précise : « *Le secret professionnel n'est opposable ni à la Commission Bancaire, ni à la Banque Centrale, ni à l'autorité judiciaire agissant dans le cadre d'une procédure pénale ».*

La violation de cette obligation est passible de sanctions pénales. La banque peut se faire condamner au paiement de dommages-intérêts en faveur de personnes qui auraient subies un préjudice lié à cette indiscrétion.

En cas de violation du secret professionnel, l'employé sera puni d'emprisonnement d'un (1) mois à deux (2) ans et d'une amende de 10 millions FCFA à 100 millions FCFA ou de l'une de ces deux peines seulement (cf. article 70 loi cadre portant règlementation bancaire). En récidivant, la peine de l'employé sera portée à 5 ans d'emprisonnement et 300 millions FCFA d'amende.

Les exceptions au secret bancaire sont les suivantes :

Pour les personnes privées

☞ Les ayants droit du client de la banque

La banque ne peut opposer le secret aux personnes ayants droits du client, toutefois, elle doit utiliser un principe de précaution et de prudence.

- Le compte joint :

  Les co-titulaires ont droit aux mêmes informations sur la situation du compte ainsi qu'aux opérations effectuées par l'un ou l'autre.
- Les époux :

  La banque doit opposer le secret professionnel à l'égard du compte que le conjoint a ouvert dans ses livres sauf au cas où ce dernier se fait donner une procuration dûment signée.
- Les mandataires :

  Le secret professionnel ne peut être opposé aux mandataires que dans la limite de leurs mandats. A cet égard, la banque doit garder une grande discrétion dans la fourniture des informations aux mandataires.

- Les héritiers :

En la matière, la banque ne peut pas opposer le secret professionnel aux héritiers d'un défunt. Toutefois, ceux-ci doivent un jugement d'hérédité et un mandat donnant procuration à un héritier.

- Les cautions :

La banque peut opposer le secret bancaire aux cautions. Toutefois, ces personnes doivent être informées de la situation des engagements dont elles se sont portées cautions personnelles et solidaires.

☞ Les relations commerciales

Dans le cadre ses relations commerciales, la banque peut divulguer certaines informations sans violer le secret bancaire.

- Les incidents de paiement

En rejetant un effet ou un chèque sans provision, la banque ne viole pas le secret professionnel. Outre, elle doit scrupuleusement appliquer les dispositions de la Directive N°15/2002/CM (édition attestation de non-paiement au bénéficiaire du chèque ; lettre d'avertissement et lettre d'injonction valant interdit bancaire).

- Les saisies-attribution :

La banque à l'obligation de communiquer à l'huissier tous les renseignements y afférents et procéder au cantonnement du montant en question.

Par ailleurs, les sommes déposées au coffre-fort ne sont pas saisies car leur existence est ultra confidentielle.

- Les pensions alimentaires et injonctions de payer :

Il s'agit de l'application stricte d'une décision de justice. Elle doit communiquer à l'autorité judiciaire toutes les informations sur le compte.

- Les renseignements commerciaux :

La banque peut, de façon secrète, donner son appréciation sur l'une de ses relations communes à un confrère sans exactement donner des informations sur le fonctionnement du compte.

Pour les administrations

☞ L'administration fiscale (Fisc) :

Elle a un droit général de communication dans la comptabilité des banques. Les inspecteurs des impôts peuvent consulter dans la banque tous les comptes (relevés de compte, chèques, bordereaux, effets, etc.) d'un contribuable et des membres de sa famille domiciliés à la même banque.

☞ Les douanes :

L'administration des douanes peut demander également à la banque de lui communiquer tout document.

☞ La justice :

La banque est déliée du secret professionnel à l'égard des juridictions pénales. Elle doit leur communiquer tous documents demandés et répondre aux questions posées.

☞ La Banque Centrale & Commission Bancaire :

Les banques doivent déclarer mensuellement toutes les ouvertures de compte à la centrale des incidents de paiement (CIP) gérée par la Banque Centrale. Elles lui communiquent également, en sus des prérogatives qui sont assignées par la loi cadre portant règlementation Bancaire, des états journaliers, hebdomadaires, mensuels, trimestriels, semestriels et annuels.

La LCBFT :

Le Blanchiment de capitaux et le financement du terrorisme trouvent leurs sources dans les conventions internationales ci-après :

☞ Convention des Nations Unies contre le trafic illicite de stupéfiants le 20 décembre 1988

☞ Convention internationale pour la répression du financement du terrorisme, adoptée par l'Assemblée générale des Nations Unies le 09 décembre 1999 et ses textes annexes.

Les textes de référence :

La lutte contre le blanchiment de capitaux et le financement du terrorisme est régie dans la zone UEMOA par les textes règlementaires suivants :

• Directive N° 02/2015/CM/UEMOA du 02 juillet 2015 relative à la lutte contre le blanchiment de capitaux et le financement du terrorisme dans les Etats membres de l'UEMOA

• Directive N° 07/2002/CM/UEMOA relative à la lutte contre le blanchiment de capitaux dans les Etats membres de l'UEMOA

• Loi uniforme relative à la lutte contre le blanchiment de capitaux dans les Etats membres de l'Union Economique et Monétaire Ouest Africaine (UEMOA)

• Décret-cadre portant création, organisation et fonctionnement d'une cellule nationale de traitement des informations financières

• Règlement n° 14/2002/CM/UEMOA relatif au gel des fonds et autres ressources financières dans le cadre de la lutte contre le financement du terrorisme dans les Etats membres de l'Union Economique et Monétaire Ouest Africaine (UEMOA)

• Décision n° 06/2003/CM/UEMOA relative à la liste des personnes, entités ou organismes visés par le gel des fonds et autres ressources financières dans le cadre de la lutte contre le financement du terrorisme dans les Etats membres de l'Union Economique et Monétaire Ouest Africaine (UEMOA)

• Décision N° 04/2004/CM/UEMOA portant modification de la Décision N° 06/2003/CM/UEMOA du 26 juin 2003 relative à la liste des personnes, entités ou organismes visés par le gel des fonds et autres ressources financières, dans le cadre de la lutte contre le financement du terrorisme dans les Etats membres de l'UEMOA, signée le 5 juillet 2004

• Directive N° 04/2007/CM/UEMOA du 4 juillet 2007, relative à la lutte contre le financement du terrorisme dans les Etats membres de l'UEMOA

• Instruction N°01/2007/RB du 2 juillet 2007 relative à la lutte contre le blanchiment de capitaux au sein des organismes financiers

Définition du blanchiment de capitaux :

Aux termes des dispositions des articles 2 et 3 de la loi uniforme relative à la lutte contre le blanchiment de capitaux dans les Etats membres de l'UEMOA, le blanchiment de capitaux est défini comme l'infraction constituée par un ou plusieurs des agissements ci-après, commis intentionnellement, à savoir :

• La conversion, le transfert ou la manipulation de biens, dont l'auteur sait qu'ils proviennent d'un crime ou d'un délit ou d'une participation à ce crime ou délit, dans le but de dissimuler ou de déguiser l'origine illicite desdits biens ou d'aider toute personne impliquée dans la commission de ce crime ou délit à échapper aux conséquences judiciaires de ses actes ;
• La dissimulation, le déguisement de la nature, de l'origine, de l'emplacement, de la disposition, du mouvement ou de la propriété réels des biens ou de droits y relatifs dont l'auteur sait qu'ils proviennent d'un crime ou d'un délit, tels que définis par les législations nationales des Etats membres de l'Uemoa ou d'une participation à ce crime ou délit ;
• L'acquisition, la détention ou l'utilisation de biens dont l'auteur sait, au moment de la réception desdits biens, qu'ils proviennent d'un crime ou d'un délit ou d'une participation à ce crime ou délit.

Les organismes concernés par le blanchiment :

- Les banques et établissements financiers ;
- Les services financiers des postes, ainsi que les Caisses de Dépôts et Consignations ou les organismes qui en tiennent lieu ;
- Les institutions mutualistes et coopératives d'épargne et de crédit, ainsi que les structures ou organisations non constituées sous forme mutualiste ou coopérative et ayant pour objet la collecte de l'épargne et/ou l'octroi de crédit ;
- Les professionnels de change manuel.

Les obligations des organismes :

Les obligations de vigilance :

Les obligations de vigilance stricte consistent à :

- Identifier tout client avant l'entrée en relation qui se matérialise par l'ouverture de compte
- Conserver les pièces et documents pendant une période de 10 ans
- Détecter des opérations suspectes et atypiques
- Identifier les clients « occasionnels » demandant d'effectuer des opérations supérieures à 5 millions FCFA ou de louer un coffre
- Surveiller les opérations supérieures à 5 millions FCFA

Les obligations de déclaration de soupçon :

Les organismes financiers doivent faire des déclarations de soupçon auprès de la Cellule Nationale de Traitement des Informations Financières (CENTIF) concernant :

- Toutes opérations suspectes en considération de sa nature ou de son montant
- Tout paiement en espèces ou par titre au porteur d'une somme d'argent, effectué dans des conditions normales, dont le montant unitaire ou total est égal ou supérieur à cinquante millions (50.000.000) de FCFA ainsi que toute opération importante portant sur des sommes dont le montant unitaire ou total est supérieur à dix millions (10.000.000) de FCFA, qui se présente dans des conditions inhabituelles de complexité et ne paraît pas avoir de justification ou d'objet licite, doit être consignée dans un registre confidentiel et faire l'objet d'un examen particulier de la part des organismes financiers
- Toute opération dont l'identité du donneur d'ordre ou du bénéficiaire reste douteuse malgré les diligences effectuées
- La mise en place d'une cellule anti-blanchiment au sein de l'organisme

Définition du financement du terrorisme :

La loi uniforme relative à la lutte contre le financement du terrorisme le défini comme suit : le financement du terrorisme est défini comme l'infraction constituée par le fait, par quelque moyen que ce soit, directement ou indirectement, délibérément, de fournir, réunir ou gérer ou de tenter de fournir, réunir ou gérer des fonds, biens, services financiers ou autres, dans l'intention de les voir utilisés, ou en sachant qu'ils seront utilisés, en tout ou partie, en vue de commettre :

1. Un acte constitutif d'une infraction au sens de l'un des instruments juridiques internationaux énumérés en annexe à la présente loi, indépendamment de la survenance d'un tel acte ;

2. Tout autre acte destiné à tuer ou blesser grièvement un civil, ou toute autre personne qui ne participe pas directement aux hostilités dans une situation de conflit armé, lorsque, par sa nature ou son contexte, cet acte vise à intimider une population ou à contraindre un

Gouvernement ou une organisation internationale à accomplir ou à s'abstenir d'accomplir un acte quelconque.

L'infraction de financement du terrorisme ainsi définie est constituée même si les fonds n'ont pas été effectivement utilisés pour commettre les actes visés ci-dessus.

Il y a financement du terrorisme, même si les faits qui sont à l'origine de l'acquisition, de la détention et du transfert des biens destinés au financement du terrorisme, sont commis sur le territoire d'un autre Etat membre ou sur celui d'un Etat tiers.

La lutte contre le financement du terrorisme :

Les banques doivent prendre des mesures restrictives envers des personnes physiques ou morales figurant sur des listes élaborées par plusieurs autorités nationales et internationales notamment l'ONU, l'UE, etc.

En rapport avec ces listes, elles ont l'obligation de gel de fonds et l'interdiction de mettre à leur disposition des fonds ou toute autre ressource.

Les obligations des organismes financiers en matière de lutte contre financement du terrorisme :

- Identification des clients à l'ouverture de compte
- Identification des opérations supérieures ou égales à 5 millions FCFA
- L'examen de toutes transactions pouvant être liées au financement du terrorisme
- Conservation des documents, pièces et données statistiques pendant 10 ans
- Fournir des renseignements accompagnant les virements électroniques
- Prendre des mesures de vigilance renforcée à l'égard des personnes politiquement exposées (PPE) et des organismes à but non lucratif
- Faire des déclarations de soupçons à la CENTIF
- Déclarer toutes les opérations suspectes à la CENTIF

Le respect des textes règlementaires OHADA :

Ici il s'agit du respect des textes OHADA en rapport avec l'activité bancaire. On peut citer :

- ☞ Acte Uniforme révisé sur les sociétés commerciales et GIE
- ☞ Acte Uniforme révisé sur les procédures collectives d'apurement du passif
- ☞ Acte Uniforme sur les sûretés

II. La gestion des moyens de paiement

1. Ce qu'il faut savoir sur les opérations bancaires avec le chèque[16]

Le chèque est un instrument de paiement très utilisé dans le cadre des relations d'affaires entre agents économiques. Il est classé dans la catégorie de monnaie scripturale (le chèque, le virement, la carte de paiement). Il peut rapidement se transformer en pièces (monnaie divisionnaire) ou billets (monnaie fiduciaire).

C'est un support essentiel dans la promotion de la bancarisation et de l'utilisation des moyens de paiement scripturaux (Cf. article 3 de la directive N°8/2002/CM/UEMOA). Ainsi, il offre plus d'avantages en termes de sécurité que les opérations en espèce.

Les opérations par chèque sont régies par le Règlement N°15/2002/CM/UEMOA ; et la loi uniforme 2012 relative aux infractions en matière de chèque, de carte bancaire et d'autres instruments et procédés électroniques de paiement.

1.1.Fonction et définition :

La fonction principale du chèque est d'effectuer des paiements sans manipulation d'espèce en cas de paiement ou de retrait.

Le chèque se définit comme une monnaie scripturale payable à vue par laquelle une personne dénommée le tireur donne l'ordre à une personne dénommée le tiré de payer un montant y figurant en chiffre et en lettre au titulaire ou à un tiers appelé le bénéficiaire dans le strict respect de l'existence de la provision sur le compte.

Il n'existe pas de chèque antidaté c'est-à-dire un chèque dont la date d'émission n'est pas encore arrivée est payable le jour de sa présenta-

[16] Cette partie a déjà fait l'objet d'une publication par l'auteur en avril 2016 dans le quotidien malien le plus lu « Journal Indépendant ».

tion au paiement du guichet de la banque (article 80). Partant de là, les opérateurs doivent comprendre que le chèque ne peut pas être un instrument de garantie dans leurs mains. Cette pratique d'ailleurs méconnaissable par les techniques bancaires est à bannir.

En cas de différence entre le montant écrit en toutes lettres et celui figurant en chiffres, le chèque vaut pour la somme écrite en toutes lettres (article 56).

Subséquemment, il fait intervenir trois (3) personnes, à savoir :

☞ Le tireur : c'est lui qui établit et signe le chèque. Il doit à cet effet être juridiquement capable.
☞ Le tiré : c'est la banque qui détient les fonds et paye.
☞ Le bénéficiaire : c'est lui qui reçoit le paiement.

Le chèque peut être émis au profit du tireur lui-même, ce qui veut dire que le bénéficiaire est le tireur.

Il peut être payable à une personne dénommée ou au porteur (chèque blanc).

Il peut être pré-barré non endossable, non pré-barré endossable.

1.2.Délivrance de formules de chéquiers :
La délivrance de formules de chéquiers est conditionnée à la consultation préalable de la centrale des incidents de paiement (CIP) pour s'assurer que le client n'est pas sous le coup d'une interdiction bancaire ou judiciaire conformément aux articles 45 et 127 du règlement sus évoqué.

1.3.Les aspects formels :
☞ ***Mentions obligatoires :***

Les mentions obligatoires du chèque sont au nombre de six (6) conformément à l'article 48 du règlement. Elles se déclinent ci-après :

✓ La dénomination de chèque;
✓ Le mandat pur et simple de payer une somme déterminée ;
✓ Le nom de celui qui doit payer (tiré) ;
✓ L'indication du lieu où le paiement doit s'effectuer ;
✓ L'indication de la date et du lieu où le chèque est créé ;

✓ La signature manuscrite de celui qui émet le chèque (tireur).

L'omission de l'une de ces mentions a pour conséquence l'invalidité du chèque. Il perd alors sa qualité de chèque et les prérogatives particulières qui lui sont attachées.

☞ ***Mentions facultatives :***

Le nom du bénéficiaire et le barrement sont des mentions facultatives. Leurs omissions n'enlèvent rien de la qualité du chèque.

En effet, le chèque peut être stipulé payable avec ou sans la clause « à l'ordre » d'une personne. Il peut l'être avec la clause « non à l'ordre » ; ou au porteur (cas de chèque blanc) en application de l'article 52 du règlement.

Le barrement s'effectue au moyen de deux (2) barres parallèles apposées au recto (article 90 du règlement). Il peut être général ou spécial. Il est général s'il n'y a aucun nom de banque entre les deux (2) barres. Il est spécial dans le cas contraire (nom d'une banque figurant entre les deux barres).

Le barrement général peut être transformé en barrement spécial sans que l'inverse ne soit possible.

Le biffage du nom du bénéficiaire ou du barrement n'est pas autorisé.

1.4.Types de chèques :

☞ ***Le chèque pré-barré non endossable***

✓ Ces chèques ne peuvent être établis au porteur (chèque blanc) ;

✓ Ils ne sont pas transmissibles par endos ;

✓ Ils ne sont pas encaissables en espèce au guichet ;

✓ Ils sont encaissables par l'intermédiaire d'une banque (remise de chèque obligatoire sur le compte) ;

✓ Ces formules de chèque sont gratuites (Cf. article 46 du règlement).

☞ ***Le chèque non barré endossable***

✓ Ce type de chèque est ordinaire ;

✓ La banque perçoit un droit de timbre au profit du Trésor Public (Cf. article 45 du même règlement).

✓ Transmissible par la technique d'endossement

1.5.La technique de l'endossement

La technique de l'endossement d'un chèque consiste à mettre sur l'endos (le derrière) du chèque la mention suivante : veuillez payer à l'ordre « nom et prénom de la personne (appelée endossataire) » accompagnée de la signature de l'endosseur (tireur ou bénéficiaire). Toutefois, la seule signature de l'endos du chèque vaut endossement et est appelée endossement blanc (Cf. article 65 du règlement). Il peut également être porté sur une feuille attachée au chèque (allonge).

Le chèque peut être endossé à nouveau selon l'esprit du règlement susmentionné. Le banquier doit s'assurer de la régularité des endos et identités des endosseurs et endossataires.

L'endossement de personne physique (endosseur) en faveur d'une personne morale (endossataire) est possible dans le cas où le bénéficiaire du chèque est signataire sur le compte de société (endossataire). Par exemple, l'endossement d'un chèque de bénéficiaire X (endosseur) au profit d'un compte d'une société Z (endossataire) dont X est le signataire (identité de X à vérifier par le banquier sur le compte de la société Z).

L'endossement de personne morale (endosseur) en faveur d'une personne physique (endossataire) ou en faveur d'une autre personne morale (endossataire) ne doit pas être autorisé. Par exemple, le cas d'endos irréguliers dans une remise de chèque autre banque lors de la compensation interbancaire.

Par ailleurs, l'endossement du tiré ne vaut que comme quittance, sauf dans le cas où le tiré a plusieurs établissements où l'endossement est fait au bénéfice d'un établissement autre que celui sur lequel le chèque a été tiré (article 64 du règlement).

Enfin, l'endossement transfère, subséquemment, tous les droits du chèque en l'occurrence la provision y afférente à l'endossataire.

1.6.La provision

L'émission d'un chèque consiste à donner un ordre à sa banque de payer à vue directement ou indirectement le montant y figurant tout en s'assurant de l'existence de la provision. Ainsi, pour tout paiement de chèque le banquier doit s'assurer de la disponibilité des fonds correspondants sur le compte en question.

Cependant, le chèque peut être émis sans provision et c'est au bénéficiaire de se rassurer sur la disponibilité de la provision. A cet égard, le règlement N°15/2002/CM/UEMOA prévoit en son chapitre IV des garanties de chèque :

☞ ***L'aval du chèque***

Le paiement d'un chèque peut être totalement ou partiellement avalisé par un tiers, ou un signataire sur le chèque lui-même, ou sur une allonge, ou sur un acte séparé à travers la mention spéciale « bon pour aval ».

Le donneur d'aval appose sa signature sur le recto du chèque en indiquant pour le compte de qui il est donné. A défaut, c'est le tireur qui en bénéficie.

☞ ***Le visa du chèque***

Le banquier ne peut refuser d'apposer le visa s'il y a provision. Le visa garantit la disponibilité des fonds sur le compte bancaire au moment de son apposition. Cependant, il n'implique pas pour le banquier l'obligation de bloquer la somme y afférente.

☞ ***La certification du chèque***

Sur ce point la banque à l'obligation de bloquer le montant correspondant dans un sous compte du client. Elle a ainsi la responsabilité de garder le montant du chèque au profit du bénéficiaire jusqu'à l'expiration du délai de présentation (8 jours).

La certification consiste à apposer le cachet certifié sur le recto/verso du chèque accompagné de la signature du banquier. Elle est l'opération la plus courante dans une banque de détail.

☞ ***Les cartes dites garanties de chèque***

Ces cartes doivent expressément indiquer les seuils des montants individuels de chèques garantis. Elles sont présentées au moment des paiements par la clientèle.

☞ ***Le traveller's cheque***

Egalement appelé chèque de voyage, il concerne principalement les touristes, les hommes d'affaires. Il est régi par les textes d'application du règlement relatif aux relations financières extérieures des Etats de membres de l'UEMOA. Ainsi, les voyageurs qui se rendent dans les Etats non membres UEMOA sont tenus d'emporter sous forme de chèque de voyage, de cartes monétiques tout montant supérieur à 2 millions FCFA.

Dans la pratique, l'utilisation de ce produit est tombée en désuétude.

1.7.Encaissement du chèque

Le chèque peut être encaissé en espèce au guichet de la banque ou par crédit en compte moyennant une remise de chèque.

☞ ***Encaissement contre espèces***

✓ Règlement au signataire du compte

Le guichetier doit d'abord s'assurer de la disponibilité des fonds avant tout paiement au signataire du compte ou son représentant mandataire. La remise des fonds est attestée par la signature en bas de la mention « pour acquit » à l'endos du chèque.

✓ Règlement au profit d'un tiers

Avant tout paiement en faveur d'un tiers, le guichetier doit vérifier l'identité du bénéficiaire ; s'assurer de la régularité du chèque (mentions obligatoires, délai de validité, absence d'opposition, absence de barrement) ; s'assurer de l'identité des endosseurs et endossataires ; et la disponibilité des fonds. Au moment du paiement, le client doit signer en bas de la mention « pour acquit ».

A ce niveau, il est important de signaler que le règlement N°15 (texte de référence sur le chèque) ne fait aucune mention relative à l'appel téléphonique pour confirmer le paiement d'un chèque au guichet car celui-ci est toujours payable à vue. Donc, même en cas d'opposition non valable (voir ci-dessous), le banquier est astreint de payer le chèque sous peine de sanctions.

Toutefois, dans la pratique, par mesure de prudence, les banques en font l'usage (sans avoir un caractère légal et contraignant) à partir d'un certain seuil de retrait pour motifs de sécurité ou de lutte contre le blanchiment de capitaux et le financement du terrorisme LBC/FT (Cf. directive N°7/2002/CM/UEMOA).

☞ ***Encaissement par la banque***

Dans ce cas, le client qui le souhaite peut faire endosser le chèque au profit de sa banque en y signant sur le dos en mentionnant le numéro de compte adéquat. Pour ce faire, il fera une remise de chèque dans sa banque qui présentera ensuite ce chèque sous forme d'image à la télé compensation interbancaire communément appelée Système Interbancaire de Compensation Automatisé dans l'UEMOA (SICA-UEMOA). Et, le sort de ce chèque est connu sous les 48 heures jours ouvrés.

L'encaissement de chèques tirés sur une banque de la zone Uemoa est offert à titre gratuit suite à une décision de la BCEAO (Cf. instruction N°004-06-2014).

☞ ***Circuit de traitement des chèques***

1ère étape : la remise de chèque par le bénéficiaire

Le bénéficiaire procède à la remise de chèque sur son compte bancaire en mentionnant son numéro de compte à l'endos du chèque suivi de sa signature. Le chèque est ainsi remis à sa banque pour encaissement. La remise de chèque peut se faire à n'importe agence, bureau ou guichet du réseau de la banque. Un bordereau de remise de chèque est remis au client. Son compte est crédité du montant sous réserve du paiement du chèque à la compensation.

Le guichetier à l'obligation de s'assurer de la régularité du chèque.

2ème étape : présentation du chèque à la télé compensation

L'opération est saisie dans le système d'information bancaire (SIB). La banque procède à la déclaration du chèque à la compensation. Le sort du chèque est connu dans les 48 heures jours ouvrés conformément aux dispositions de la convention SICA-UEMOA.

3ème étape : passage de l'écriture du débit du compte du tireur

La banque confrère ou banque du tireur procède à la vérification du chèque et s'assurer de l'existence de la provision sur le compte.

Si provision il y a, le compte du tireur est débité au profit du bénéficiaire du chèque à travers sa banque.

Si le chèque est rejeté pour absence de provision, alors le chèque est traité conformément aux dispositions de l'article 115 du Règlement N° 15/2002/CM/UEMOA relatif aux systèmes de paiement dans les Etats membres de l'UEMOA (édition attestation de rejet du chèque au bénéficiaire conformément à l'article 114 ; lettre d'avertissement ; certificat de non-paiement ; lettre d'injonction valant interdit bancaire après 30 jours de non régularisation et déclaration à la centrale des incidents de paiement –CIP- de la BCEAO).

Par ailleurs, le chèque également peut être rejeté souvent pour différentes raisons indépendantes de la volonté du tireur (absence d'image scanné, image partiellement scanné, etc.).

1.8.Délai de validité et d'encaissement

Le chèque est une monnaie scripturale payable à vue et toute mention contraire est réputée non écrite (Cf. article 80 du Règlement N°15/2002/CM/UEMOA). Il doit être présenté au paiement dans un délai communément appelé délai de présentation (ou délai d'encaissement). Ce délai se présente comme suit dans l'article 81 du règlement susvisé :

- 8 jours pour les chèques sur place
- 20 jours pour les chèques hors place
- 45 jours pour les chèques payables dans un autre Etat de la zone UEMOA
- 70 jours pour les chèques payables en dehors du territoire de la zone UEMOA

A l'expiration de ces délais règlementaires, le chèque reste encore valable pendant 3 ans conformément aux dispositions des articles 109 et 81 du règlement susmentionné. Passé ce délai, on dit alors qu'il est prescrit.

Entre le délai de présentation et la prescription du chèque, le bénéficiaire peut se faire payer par la banque s'il y a bien évidemment provision sur le compte.

Les cas de décès et d'incapacité après l'émission du chèque ne peuvent pas entrainer une opposition au chèque.

1.9.Opposition au paiement

L'article 84 du règlement ci-dessus reconnaît quatre cas de figure dans lequel on peut faire opposition au chèque :

- Perte,
- Vol,
- Utilisation frauduleuse du chèque,
- Ouverture de procédures collectives de redressement judiciaire et de liquidation des biens contre le porteur.

Le banquier qui paye un chèque sans opposition est présumé valablement libéré. Elle a l'obligation de vérifier la régularité de la suite des endossements et non la signature des endosseurs.

1.10.Paiement partiel

Si le montant disponible sur le compte est inférieur à celui figurant sur le chèque, le porteur peut exiger le paiement partiel jusqu'à concurrence de la provision à la décharge des tireurs et endosseurs. Dans ce cas, le tiré peut exiger que mention de ce paiement soit faite sur le chèque et qu'une quittance lui en soit donnée.

Le reste c'est-à-dire la différence est protestable par le porteur (Cf. Articles 87, et 103 du règlement susmentionné).

1.11.Recours en cas de non-paiement

Le chèque peut être retourné impayé pour défaut de provision sur le compte. Alors s'il est présenté dans les délais règlementaires (8 jours), le porteur peut exercer des recours contre le tireur, les endosseurs ou toute personne ayant apposée sa signature sur le chèque. Ainsi, en cas de non-paiement ou de paiement partiel, le porteur du chèque dispose au regard du chapitre VII de la règlementation de recours qui diffèrent selon que le chèque soit ou non dans le délai de présentation. A signaler que les personnes obligées en vertu d'un chèque sont tenues solidairement envers le porteur. Ce dernier a le droit d'agir individuellement ou collectivement contre celles-ci (article 97).

☞ *Pendant le délai de présentation*

✓ Une attestation de rejet du chèque est éditée par la banque en faveur du bénéficiaire (article 114)

✓ Le protêt (acte authentique) doit être dressé, sur demande du porteur par les huissiers ou notaires, ou toute autre personne dûment habilitée par la loi, avant l'expiration du délai de présentation (article 94) afin de matérialiser le refus de paiement dans le délai de 10 jours (article 123)

✓ Un certificat de non-paiement est délivré par la banque sur demande du client à défaut du paiement du chèque dans le délai de 30 jours conformément à l'article 123. Avec ce certificat, le protêt peut également être dressé par les huissiers à défaut de l'étape sus citée

✓ Cet acte authentique (protêt) doit être signifié par voie d'huissier au tireur, endosseurs, et avaliseurs du chèque

✓ Cette signification vaut commandement de payer sous quinzaine (15 jours). A défaut, l'huissier remet au greffe du Tribunal contre récépissé deux copies exactes des protêts dont l'une est destinée au parquet qui pourrait délivrer un titre exécutoire aux fins de diverses procédures : saisie-attribution sur salaire ou sur compte (article 105 du règlement).

Tous les frais de la procédure sont à la charge du tireur. Le porteur dispose d'une action qui est prescrite pour 6 mois contre le tireur et les endosseurs et 3 ans contre le tiré (article 109 règlement).

☞ *Hors délai de présentation*

✓ Le chèque peut être présenté au paiement

✓ Le recours est dirigé envers le tireur qui n'a pas fait provision

✓ Le protêt est dressé par l'huissier et vaut commandement de payer dans les 15 jours

✓ Les délais de recours sont calculés à partir de l'expiration du délai de présentation (8 jours)

✓ Si le recours n'est pas exercé en temps utile, difficulté de poursuivre le tireur

1.12.Prévention des chèques sans provision

La banque doit se prémunir des mesures suivantes :

- L'obligation de vérification lors de l'ouverture de compte (identité, domicile, interdiction bancaire ou judiciaire)
- La banque se réserve le droit de refuser de délivrer au titulaire du compte des formules de chèques
- Le bénéficiaire d'un chèque peut exiger des garanties du chèque (visa, certification, etc.)
- La banque doit sensibiliser les clients sur la question de chèque sans provision et ses conséquences

1.13.Répression des chèques sans provision

Ce point est régi par les dispositions des articles 114, et 115 du règlement N°15/2002/CM/UEMOA ; et la loi uniforme 2012 relative aux infractions en matière de cheque, de carte bancaire et d'autres instruments et procédés électroniques de paiement.

La procédure de traitement des chèques sans provision au regard des dispositions susmentionnées du règlement est la suivante :

Conformément à l'article 114 du règlement numéro 15/2002/CM/UEMOA relatif aux systèmes de paiement dans les Etats membres de l'UEMOA, le client doit régulariser les incidents de paiement dans un délai de trente (30) jours à compter de la date d'envoi de la lettre d'avertissement, à sa convenance selon l'un des deux modes suivants :

- Soit par le règlement direct du montant du chèque entre les mains du bénéficiaire ; dans ce cas, il devra se justifier de ce règlement par la mise à disposition de la banque du chèque acquitté ou d'une attestation de paiement légalisé, au plus tard le premier jour ouvrable qui suit l'expiration du délai de régularisation.
- Soit par la constitution d'une provision suffisante et disponible affecté au règlement du chèque par la banque, et ce au cours du délai précité. Il lui appartient, dans ce cas, de veiller au maintien de la provision en compte jusqu'au règlement du chèque sus-indiqué au bénéficiaire. Le recours à cette dernière solution doit demeurer exceptionnel et être réservé aux cas dans lesquels il n'a pas été possible de trouver le bénéficiaire ou si le chèque n'a pas été représenté.

En cas de non régularisation, dans les délais sus - mentionnés, le client sera obligé de restituer à la banque les formules de chèques en sa possession et en celle de ses mandataires et deviendra de facto interdit de formules de chèques en sa possession et en celle de ses mandataires auprès de l'ensemble des établissements bancaires et des CCP pendant cinq ans à compter de la date de présentation du chèque sus - visé, conformément à l'article 115 du règlement N°15/2002/CM/UEMOA relatif aux systèmes de paiement dans les Etats membres de l'UEMOA.

La lettre d'avertissement sera enregistrée dans les fichiers de la centralisation des incidents de paiement de la banque centrale.

La levée de l'interdiction bancaire est subordonnée au règlement effectif du ou des chèques rejetés et au paiement d'une pénalité libératoire de 10% encaissé par la BCEAO au compte du Trésor Public.

Dans la pratique, en cas d'interdit bancaire, certaines banques bloquent au débit la carte monétique ou la retire tout simplement au client. A contrario, c'est uniquement les formules de chèques qui devraient être retirées au client c'est-à-dire sans les cartes monétiques conformément à l'esprit des articles 115 à 120 du Règlement N°15 UEMOA. Ce qui a comme corollaire, qu'il pourrait avoir le droit d'utiliser les cartes monétiques en sa possession.

En effet, être interdit bancaire ne peut pas être synonyme d'être interdit de compte bancaire, le droit au compte et l'accès aux services bancaires de base restant, en droit, intact. Toutefois, la banque qui tient le compte d'un interdit bancaire peut, de façon négociée ou autoritaire :

- ☞ Modifier de façon unilatérale la convention de compte dans un sens plus restrictif (retirer par exemple la carte monétique),
- ☞ Ou clore le compte.

En l'espèce, l'interdit bancaire doit ouvrir, si nécessaire, un compte dans une autre banque :

- ☞ Soit celle de son choix,

☞ Soit celle indiquée par la BCEAO, suite à l'application de la procédure du droit au compte après avoir subi un refus d'ouverture de compte.

Par conséquent, l'interdit bancaire doit pouvoir :

☞ Disposer d'une carte bancaire,
☞ Effectuer des virements et prélèvements,
☞ Réaliser des dépôts et des retraits d'espèces,
☞ Payer avec des chèques de banque.

1.14.Les sanctions pénales

En ce qui concerne les sanctions pénales, les clients qui émettent un ou plusieurs chèques au mépris des dispositions de l'article 115 seront punis d'un emprisonnement de trois (03) ans et d'une amende de deux millions (2.000.000) de francs CFA. Cette amende peut être portée à cinq millions (5.000.000) de francs CFA en cas de récidive ou si le client est commerçant (article 2 de la loi uniforme 2012 suscitée). L'utilisation de chèque volé, l'endossement volontaire de chèque sans provision, l'émission de chèque sur un compte clôturé sont également punis de la même manière à l'article 2 de la loi uniforme précitée.

Aussi, dans la panoplie des sanctions prévues par la loi uniforme 2012, on peut retenir les sanctions suivantes:

- La contrefaction et la falsification de chèque sont punies d'un emprisonnement de cinq (05) ans et d'une amende de cinq millions (5.000.000) de francs CFA (article 3 de la loi uniforme 2012),
- Les personnes qui facilitent volontairement la falsification ou la contrefaction des chèques à travers des machines, appareils, la mise à disposition des matières et données, ou toutes autres choses utiles seront punies puni d'un emprisonnement de sept (07) ans et d'une amende de dix millions (10.000.000) de francs CFA (article 4 de la même loi),
- Le tiré (la banque) qui refuse de payer un chèque sous motif que le tireur y a apposé une opposition non valable au regard de l'article 84, alinéa 3 du Règlement N°15/2002/CM/UEMOA, est passible d'une amende de trois millions (3.000.000) de francs CFA (article 10 de la même loi),

- Le tiré qui indique une provision inférieure à la provision existante et disponible est passible d'une amende de trois millions (3.000.000) de francs CFA (article 11 de la même loi)

2. Ce qu'il faut savoir sur les opérations bancaires avec la lettre de change[17]

La lettre de change (bill of exchange en anglais) ou communément appelée « traite » est un instrument de paiement différé utilisé depuis le moyen âge par les banquiers d'antan. Il permettait en toute sécurité, le transport des fonds d'une place bancaire A à une place bancaire B.

Comme les autres instruments de paiement (billet à ordre, chèque, etc.), l'utilisation de la traite est encadrée par les dispositions du Règlement N°15/2002/CM/UEMOA relatif aux systèmes de paiement dans les pays membres de l'UEMOA.

2.1.Définition

La traite est un acte de commerce écrit à travers lequel une personne appelée tireur (le créancier ou le fournisseur) invite une autre personne appelée tiré (le débiteur ou client) à payer une certaine somme à une date d'échéance en faveur d'une troisième personne dénommée le bénéficiaire (tireur ou son banquier dans certains cas).

Par conséquent, la lettre de change fait intervenir 3 catégories de personnes :

Le tireur : il prend l'initiative de l'émission de la traite en invitant le tiré (débiteur ou client) à payer.

Le tiré : il doit payer à l'échéance la somme objet de la dette (provision) à l'égard du tireur.

Le bénéficiaire : il reçoit le paiement émanant du tiré. Le bénéficiaire peut être le tireur ou une tierce personne désignée par lui à qui il doit probablement de l'argent (clause à ordre).

Seules les personnes majeures sont autorisées à s'engager par la traite.

2.2.Forme

2.2.1.Mentions obligatoires

Les mentions obligatoires de la traite ou lettre de change sont décrites conformément à l'article 149 du règlement N°15 ci-après :

[17] Publié par l'auteur sous forme d'article dans le magazine du banquier N°14 septembre 2015.

✓ L'indication de « lettre de change » insérée dans le texte même du titre et exprimée dans la langue employée pour la rédaction de ce titre ;

✓ Le mandat pur et simple de payer une somme d'argent déterminée ;

✓ Le nom du tiré (celui qui doit payer) ;

✓ L'indication de l'échéance ;

✓ L'indication du lieu où le paiement doit s'effectuer ;

✓ Le nom du bénéficiaire (celui auquel ou à l'ordre duquel le paiement doit être fait) ;

✓ La date et le lieu de création de la lettre;

✓ La signature du tireur (celui qui émet la lettre).

Toutefois, les omissions comme la date d'échéance ; le lieu de paiement et le lieu de création n'ont pas d'impact sur la valeur intrinsèque de la traite. En effet, à défaut de ces éléments susmentionnés l'échéance non indiquée est considérée comme payable à vue ; le lieu désigné à côté du nom du tiré est pris en compte comme lieu de paiement et le lieu de sa création est considéré comme ce désigné à côté du nom du tireur. Par conséquent, à l'exception de ces 3 mentions, toutes omissions a pour conséquence de faire de la lettre de change un simple billet négociable auquel le droit spécifique de la lettre de change ne s'y applique point et par ricochet, entacher les exercices de recours contre les endosseurs.

En outre, le tireur peut être le bénéficiaire si la lettre de change est à l'ordre du tireur lui-même (article 150).

2.2.2. Autres mentions

✓ Le montant

En cas de différence entre le montant en lettres et le montant en chiffres, la somme écrite en lettres est prise en compte (article 152).

✓ L'échéance

La lettre de change peut être tirée à vue ; à un certain délai de vue ; à un certain délai de date ou à jour fixe. La traite à vue est payable à sa présentation. Elle doit être présentée au paiement dans le délai d'un an à partir de sa date de création (articles 170 et 171).

✓ Le taux d'intérêt

Le taux d'intérêt peut figurer sur la lettre de change et les intérêts commencent à courir à partir de la date de création de la traite ou cas où une autre date n'est pas indiquée (article 151).

✓ L'acceptation

Une traite peut être présentée à l'acceptation avec ou sans fixation de délai (article 163). L'acceptation conforte la créance du tireur en facilitant l'escompte sans attendre l'échéance de la traite. Donc l'acceptation est un engagement formel du tiré de payer le tireur à l'échéance. Ainsi, accepter une traite consiste à y apposer son spécimen de signature sur la partie acceptation au recto de la lettre de change avec la mention « acceptée pour la somme de … » suivie de la date (article 165).

Ce qui veut dire que le tiré reconnaisse l'existence de la créance et s'engage à payer l'effet à la date d'échéance (article 167).

Par contre refuser d'accepter une traite est synonyme de refus de paiement qui est peut être constaté par un huissier qui dressera un protêt en l'espèce pour matérialiser le refus de paiement. A défaut d'acceptation c'est la date du protêt qui prévale en faisant courir le délai convenu.

Le tireur est garant de l'acceptation et du paiement (article 154).

✓ L'aval

L'aval consiste à garantir le paiement d'un effet en cas de défaillance du tiré. Il est matérialisé par une signature sur l'effet précédée de la mention « Bon pour Aval » ». Il peut être donné sur un document qui accompagne la lettre de change appelé « allonge ».

Celui qui donne son aval est également appelé avaliste ou avaliseur. Il doit payer la traite au porteur si le tiré refuse de payer ou ne peut pas payer. Il est donc solidaire du tiré (article 169).

✓ Clause de retour « sans protêt » ou « sans frais »

Cette clause dispense le porteur de l'effet de faire dresser protêt par un huissier pour faute d'acceptation ou de non-paiement.

Quand cette clause est inscrite par le tireur, alors elle produit ses effets vis à vis de tous les signataires tandis que dans le cas d'un endosseur ou avaliseur les effets restent valables à l'égard de celui-ci (article 190).

✓ Valeur en…

Quand elle figure sur l'effet, cette mention « valeur en marchandises » ou « valeur en compte » ou « valeur en notre facture N° » peut de renseigner le banquier sur la réalité de la créance sous-jacente à la traite.

2.3. La provision

La provision est la créance du tireur sur le tiré. Il y a provision lors qu'à l'échéance le tiré est redevable d'une dette à l'égard du tireur au moins égale au montant de la lettre de change. L'acceptation suppose la provision car elle est la preuve matérielle au regard des endosseurs (article 155).

La propriété de la provision est transmise de droit aux porteurs successifs de la traite par la technique de l'endossement.

2.4. L'endossement

La technique de l'endossement consiste à la signature de la lettre de change par le bénéficiaire en son dos pour la transmettre à une autre personne appelée cessionnaire en ajoutant la mention suivante « payez à l'ordre de ... ». Toutefois, la simple signature à l'endos de la traite vaut endossement. La personne qui endosse la traite est appelée l'endosseur et celle qui en bénéficie est l'endossataire.

Le bénéficiaire par son acte d'endossement transfère de facto la propriété de la créance au cessionnaire qui à son tour peut endosser la traite en faveur d'un autre cessionnaire et ainsi de suite (articles 156 et 157).

L'endossement doit être pur et simple. Toute condition à laquelle il est subordonné est réputée non écrite. Il peut être nominatif (l'endossataire est désigné), au porteur (celui qui détient l'effet en est le bénéficiaire) ou en blanc (quiconque peut être bénéficiaire). Dans ce dernier cas, il peut en résulter souvent une utilisation frauduleuse car toute personne détenant la traite peut la remplir à son profit. Ainsi, si l'endossement est en blanc le porteur peut remplir le blanc soit de son nom, soit du nom d'une autre personne ; endosser de nouveau en blanc ou à une autre personne ; ou remettre la traite à une personne sans remplir le blanc et sans l'endosser (articles 156 et 157).

Il existe trois types d'endossements :

• L'endos translatif de propriété : la propriété de la créance (la somme due) est transférée à l'endossataire.

• L'endos de procuration ou endos d'encaissement : utilisé souvent quand la banque est chargée d'encaisser les effets remis. Il s'agit d'un simple mandat pour encaisser les fonds au compte de l'endosseur (article 161).

• L'endos pignoratif : permet de remettre la traite en garantie à un créancier quelconque. Au cas où ce dernier ne serait pas payé, il pourrait entrer en possession des fonds.

En remarque, un endos de procuration ne peut donc être suivi d'un endos translatif de propriété. Et, un endos pignoratif ne peut être suivi, pour encaissement à l'échéance, que d'un endos de procuration.

2.5. La solidarité des signataires

La solidarité des signataires est de mise car les tirés, les accepteurs, les endosseurs et les avaliseurs sont tenus solidairement envers le porteur. Par conséquent, le porteur d'un effet a le droit d'agir individuellement et collectivement sans aucun ordre ni rang contre toutes ces personnes pour demander son paiement (articles 191 et 192).

2.6. Le paiement

☞ Délais de présentation

Ce délai est de 1 an si la traite est payable à vue (article 171). La traite est aussi payée soit le jour de l'échéance, soit l'un des 2 jours ouvrables qui suivent (articles 174 et 178).

☞ Modalités de paiement

En cas de paiement le porteur de l'effet remet la traite au tiré. Il est possible de faire un paiement partiel qui sera inscrit sur la traite ou sur une allonge jointe. Quand l'échéance tombe sur un jour férié légal, le paiement ne peut être exigé que le jour ouvrable suivant (articles 175 et 224).

☞ Recours du porteur en cas d'impayé

Le porteur de l'effet dispose de voies de recours dans les délais légaux de présentation (article 185). Ainsi, il peut exercer ses recours contre les endosseurs, le tireur, et les autres obligés à l'échéance si le paiement n'a pas eu lieu. Cela est également possible même avant l'échéance dans les conditions suivantes :

✓ Le cas de redressement judiciaire, liquidation des biens ou faillite du tiré, accepteur non, de cessation de ses paiements même non constatée par une grosse ou de saisie de ses biens demeurée infructueuse ;

✓ Le cas de redressement judiciaire, de liquidation des biens ou faillite du tireur d'une traite non acceptable.

Le non-paiement de la traite est constaté par un acte authentique dressé par un huissier ou un notaire appelé protêt et c'est avec cet acte qu'il pourrait ester en justice. En cas de mention « sans protêt ou sans frais », il peut intenter une action en justice illico presto.

Le porteur d'un effet impayé doit donner avis du défaut d'acceptation ou de paiement à son endosseur dans les 4 jours ouvrables qui suivent le jour du protêt ou celui de la présentation en cas de clause de retour sans frais. Chaque endosseur doit à son tour avertir son endosseur dans les 2 jours jusqu'au tireur (article 189).

Tous les signataires sont solidairement responsables du paiement de la traite à l'égard du porteur (articles 191 et 192).

☞ Protêt

Le protêt est un acte constaté par les auxiliaires de justice (notaire, huissier ou toute personne habilitée par la Loi) en cas de non-paiement ou de refus d'acceptation d'une traite.

L'acte de protêt doit contenir le mot lettre de change, la transcription littérale de l'acceptation des endossements et des recommandations qui y sont indiquées, la sommation de payer le montant de la traite. Il doit préciser la présence ou l'absence de celui qui doit payer, les motifs du refus de payer et l'impuissance ou le refus de payer (article 200).

Dans la pratique, le protêt est tombé en désuétude.

✓ Non-paiement

En cas de non-paiement de l'effet à l'échéance, l'huissier se présente à la banque sur demande du porteur de la traite dans les 2 jours ouvrables qui suivent l'échéance. Si l'effet ne peut être payé, il constate le refus de paiement en dressant un protêt pour défaut de paiement.

✓ Refus d'acceptation

Le refus d'acceptation du tiré est constaté par un protêt dressé par un huissier pour le même motif. Ce refus est ainsi assimilé à un refus de paiement et le porteur peut intenter une action en justice pour récupérer les fonds qui lui sont dus.

☞ Délais des recours

Le délai de prescription contre l'accepteur est de 3 ans à compter de la date de l'échéance. Les actions du porteur contre les endosseurs et le tireur se prescrivent par 1 an à compter de la date du protêt dressé ou de celle de l'échéance en cas de clause de retour sans frais. Les actions des endosseurs entre eux-mêmes se prescrivent par 6 mois à partir du jour où l'endosseur a remboursé la traite ou du jour où lui-même a été saisi (article 223).

2.7. La perte

Il n'est admis d'opposition au paiement aux mains du tiré qu'en cas de perte de la lettre de change ou de procédure collective ouverte contre le porteur (article 180).

Si la lettre de change non acceptée est perdue, celui à qui elle appartient peut en poursuivre le paiement sur une seconde, troisième, quatrième et ainsi de suite (article 181).

Si la lettre de change acceptée est perdue, le porteur doit au préalable obtenir une ordonnance du juge et donner caution pour le paiement (article 181).

Figure 1 : **Modèle de Lettre de change**

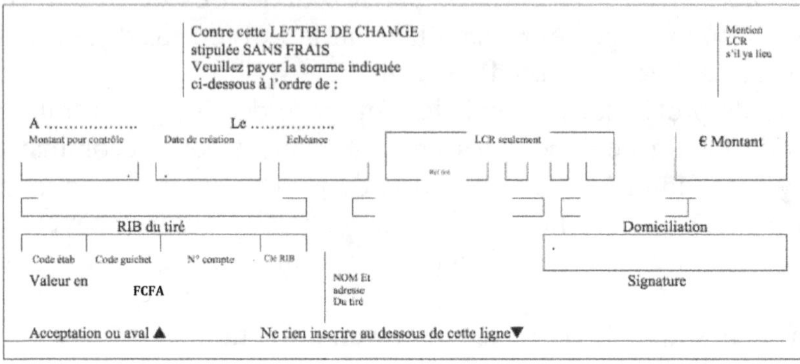
Contre cette LETTRE DE CHANGE
stipulée SANS FRAIS
Veuillez payer la somme indiquée
ci-dessous à l'ordre de :

Mention
LCR
s'il ya lieu

A ....
Le ....

Montant pour contrôle
Date de création
Echéance
LCR seulement
€ Montant

RIB du tiré
Domiciliation

Code étab
Code guichet
N° compte
Clé RIB

Valeur en
FCFA

NOM Et
adresse
Du tiré

Signature

Acceptation ou aval ▲
Ne rien inscrire au dessous de cette ligne▼

Source : L. B. Rollande, Principes de techniques bancaires, édition Dunod.

Enfin, dans certains pays développés (hors zone UEMOA), il existe la lettre de change-relevé (LCR) qui offre plus de sécurité en évitant les nombreuses manipulations de papier, génératrices de coûts de gestion. Elle est transmise au système interbancaire de télé compensation pour paiement.

3. Ce qu'il faut savoir sur les opérations bancaires avec le billet à ordre

3.1. Définition

Le billet à ordre (BO) est un document écrit par lequel le souscripteur (débiteur ou client) reconnaît sa dette et s'engage à payer au bénéficiaire (créancier ou fournisseur ou tiers désigné par lui) une certaine somme d'argent dans une unité monétaire mutuellement acceptée et à une période précise.

Contrairement à la lettre de change, c'est le débiteur qui prend l'initiative et établit lui-même le document par lequel il s'engage d'honorer sa dette à une période déterminée : le billet à ordre (BO).

Dans la lettre de change, il existe 3 intervenants : le tireur, le tiré et le bénéficiaire tandis que le billet à ordre en a 2 : le souscripteur et le bénéficiaire.

La lettre de change (LC) est soumise à la formalité de l'acceptation ; dans le BO l'engagement du souscripteur remplace l'acceptation.

La traite est un instrument de vente à terme ; le BO est l'instrument normal de prêt d'argent et aussi utilisé pour les paiements commerciaux.

La LC est toujours un acte commercial alors que le BO en plus de son aspect commercial peut être un acte civil selon que les contractants soient commerçants ou non commerçants.

Par conséquent, les litiges relatifs à la LC sont de la compétence exclusive du Tribunal de commerce tandis que celles afférentes au BO sont du ressort du Tribunal de Commerce ou du Tribunal Civil selon que l'obligation contractée par les parties est commerciale ou civile.

3.2.Forme

Les mentions obligatoires (article 228) qu'un billet à ordre doit comporter sont les suivantes :

- ✓ La clause à ordre ou la dénomination du titre, insérée dans le texte même et exprimée dans la langue employée pour la rédaction de ce titre
- ✓ La promesse pure et simple de payer une somme déterminée
- ✓ L'échéance
- ✓ Le lieu où le paiement doit s'effectuer
- ✓ Le nom de celui auquel ou à l'ordre duquel le paiement doit être fait
- ✓ La date et le lieu où le billet à ordre est souscrit
- ✓ La signature de celui émet le titre ou le souscripteur

3.3.Autres mentions complémentaires

Les dispositions suivantes de la lettre de change sont applicables au billet à ordre dans la mesure où elles ne sont pas incompatibles avec la nature de ce titre : l'endossement ; l'échéance ; le paiement ; les recours faute de paiement ; les protêts ; la prescription (article 230).

Le souscripteur d'un billet à ordre est obligé de la même manière que l'accepteur d'une traite (article 233).

Les mentions comme la date d'échéance, le lieu de création et le lieu de paiement, toute omission dans ces mentions obligatoires susmentionnées a pour conséquence de faire du billet à ordre un simple titre de créance soumis au droit commun à propos duquel le droit spécifique du billet à ordre ne peut s'appliquer.

En comparaison avec la lettre de change, le billet à ordre peut être un acte civil ou un acte commercial selon les cas tandis que la traite est purement un acte commercial.

Il existe dans certains pays développés, le billet à ordre-relevé (BOR) offrant plus de sécurité en termes de traitement automatisé par échange d'images.

Figure 2 : Modèle de Billet à ordre (BO)

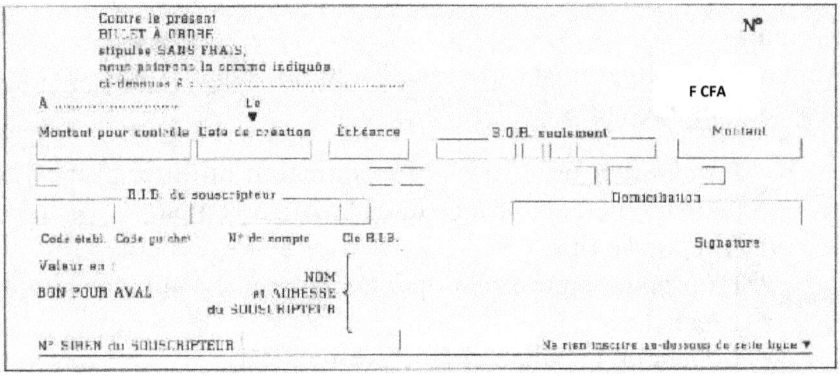
Contre le présent
BILLET À ORDRE
stipulé SANS FRAIS,
nous paierons la somme indiquée
ci-dessous à :
N°
F CFA
A
Le
Montant pour contrôle
Date de création
Échéance
B.O.R. seulement
Montant
R.I.B. du souscripteur
Domiciliation
Code établ.
Code guichet
N° de compte
Clé R.I.B.
Signature
Valeur en :
BON POUR AVAL
NOM
et ADRESSE
du SOUSCRIPTEUR
N° SIREN du SOUSCRIPTEUR
Ne rien inscrire au-dessous de cette ligne

Source : L. B. Rollande, Principes de techniques bancaires, édition Dunod.

4. Ce qu'il faut savoir sur les opérations bancaires avec la carte bancaire

Les cartes bancaires ou monétiques présentent plus de sécurité dans les transactions en comparaison avec le chèque.

Ces cartes à puce peuvent généralement être utilisées par les particuliers dans leurs achats de biens de consommation chez les commerçants.

Le paiement est basé sur le système monétique interbancaire régional dont la société GIM-UEMOA (Groupement Interbancaire pour la Monétique) assure la gestion.

Les relations entre l'émetteur, le titulaire et le bénéficiaire sont gérées par la convention des parties (Article 136 du règlement N°15/2002/CM/UEMOA).

Dans la pratique, on distingue les cartes de retrait et les cartes de paiement.

4.1.Les types de cartes

4-1.1Les cartes de retrait

Les cartes de retrait permettent exclusivement à son titulaire de retirer des fonds (article 1er du Règlement N°15/2002/CM/UEMOA).
Ces cartes peuvent être limitées seulement à l'ensemble du réseau de la banque en question (cartes propres à une banque).

D'autres cartes s'étendent à la zone Uemoa à travers le réseau GIM-UEMOA (Groupement Interbancaire pour la Monétique) qui assure l'interbancarité et l'interopérabilité avec en toile de fond la promotion de la monétique dans la zone.

Ces cartes ainsi que certains services qui y associés sont facturés à la clientèle.

4-1.2Les cartes de paiement

Ces cartes permettent à leur porteur de retirer ou de virer des fonds (Article 1er du Règlement N°15/2002/CM/UEMOA).

☞ *Les cartes sous régionales et cartes internationales*
Les cartes sous régionales ne peuvent être utilisées que dans la zone Uemoa à travers le réseau GIM-UEMOA et les cartes internationales (réseau VISA et MasterCard) utilisées à l'étranger dans quasiment tous les pays.

☞ *Les cartes de débit*
Ces types de cartes sont dans la pratique très utilisés dans la zone Uemoa. Les principaux services fournis par ces cartes sont : Retrait ; édition solde ou relevé ; cash advance ; paiement ; etc. Elles fonctionnent sur les GAB/DAB et TPE (Terminaux Electroniques de Paiement) disponibles dans certains magasins, espaces publics, commerçants, etc.

☞ *Les cartes prépayées*

Ces cartes sont destinées aux clients et non clients de la banque. Elles sont rechargeables sur ordre. Elles fonctionnent également sur les GAB/DAB et TPE dans l'ensemble de la zone Uemoa.

Une carte prépayée s'appelle aussi « Porte-monnaie électronique » dans le Règlement N°15/2002/CM/UEMOA qui la définie comme une carte de paiement prépayée, c'est-à-dire sur laquelle une certaine somme d'argent a été chargée, permettant d'effectuer des paiements électroniques de montants limités.

4.2.Description et délivrance des cartes bancaires

La tendance est au basculement vers les cartes à puce - versus carte à piste - qui offrent plus d'avantage, de sécurité et de résistance. Les cartes à puce ont généralement les caractéristiques techniques suivantes :

- Un composant électronique « une puce » répondant aux normes internationales EMV (Europay MasterCard Visa). Cette puce est utilisée pour les transactions de paiement sur les terminaux de paiement électronique (TPE)
- Une puce pour les transactions de retrait sur les GAB/DAB
- La puce contient les paramètres de gestion du risque du porteur (code confidentiel, limites d'utilisation, etc.)
- L'assurance de l'interbancarité

Lors de la délivrance de la carte, la banque transmet un code secret à son titulaire. Ce code est ultra-sensible en ce sens qu'il ne doit être divulgué à personne. Il est même préférable de mémoriser ce code en déchirant la fiche qui la contienne.

C'est avec ce code que le client effectue toutes ses opérations relatives à la carte : retrait, paiement, cash advance, etc.

La validité de la carte est généralement de deux (2) à trois (3) ans. Elle est facturée sous forme de redevance annuelle. Elle reste la propriété de la banque.

4.3.Les avantages des cartes bancaires

- Règlement des achats sans manipulation d'espèce ou d'établissement de chèque

- Retraits espèces dans les GAB/DAB
- Paiements dans les TPE
- Le commerçant est protégé du risque de chèque sans provision
- Après 3 essais de code, la carte est automatiquement avalée par la machine pour éviter toute utilisation frauduleuse

4.4. Les services offerts à titre gratuit en matière monétique

- Retrait auprès d'un guichet automatique (GAB/DAB) de la banque du client,
- Paiement par carte bancaire au sein de l'UEMOA,
- Consultation de solde et édition du relevé de solde au GAB/DAB dans la banque du client,
- Avis de débit et de crédit par voie électronique,
- Consultation et édition du solde et de l'historique du compte à travers le GAB/DAB de la banque du client.

4.5. Opposition au paiement de la carte bancaire

L'article 142 du règlement ci-dessus reconnaît quatre cas de figure dans lequel on peut faire opposition au chèque :

- Perte,
- Vol,
- Utilisation frauduleuse de la carte ou du porte-monnaie électronique,
- Ouverture de procédures collectives de redressement judiciaire et de liquidation des biens contre le porteur.

Le dernier alinéa de l'article suscité stipule que l'opposition peut être valable par appel téléphonique si le demandeur la confirme physiquement par ses pièces justificatives dans les 24 heures qui suivent l'appel. Et, la banque, émettrice de la carte est tenue d'informer la BCEAO.

4.6. Prévention en matière d'infraction sur carte bancaire

Les points de prévention font appel au principe de précaution du banquier en l'occurrence :

☞ La vérification de l'identité,
☞ La consultation de la centrale des incidents de paiement avant toute délivrance de carte,
☞ La bonne tenue du code confidentiel par le porteur de la carte,

☞ L'injonction de restituer la carte en cas de décision de retrait.

4.7.Répression en matière d'infraction sur carte bancaire
En ce qui concerne la répression, elle est régie par les dispositions des articles 143 à 148 du règlement N°15/2002/CM/UEMOA, et la loi uniforme relative aux infractions en matière de chèque, de carte bancaire et d'autres instruments et procédés électroniques de paiement.

Parmi les sanctions prévues par les dispositions de la loi uniforme, on retenir :

- En cas de délivrance d'une carte de paiement en violation de la décision de retrait (l'article 139 alinéas 1er et 2 du Règlement), l'émetteur est puni d'une amende de deux millions (2.000.000) de francs CFA (article 15 de la loi uniforme 2012),
- La contrefaction, la falsification sont punies d'un emprisonnement de cinq (05) ans et d'une amende de dix millions (10.000.000) de francs CFA (article 16, 20 et 21 de la même loi),
- Les personnes qui facilitent volontairement la falsification ou la contrefaction des cartes à travers des machines, appareils, la mise à disposition des matières et données, ou toutes autres choses utiles seront punies puni d'un emprisonnement de sept (07) ans et d'une amende de dix millions (10.000.000) de francs CFA (article 17 de la même loi),
- Les personnes qui utilisent volontairement sans autorisation des données d'identification pour le lancement ou le traitement d'une opération de paiement électronique sont punies d'un emprisonnement de cinq (05) ans et d'une amende de dix millions (10.000.000) de francs CFA (article 18 de la même loi),
- En cas d'opposition sur une carte (perte, vol, fraude, procédure judiciaire) ou d'expiration du délai de la carte, les personnes qui utilisent volontairement une carte bancaire sont punies d'un emprisonnement de cinq (05) ans et d'une amende de dix millions (10.000.000) de francs (article 19 de la même loi),

Enfin, en dehors des opérations sus traitées, il n'existe d'autres opérations de guichet.

5. Le virement
Un virement est l'exécution d'un envoi de fonds, sous format électronique, effectué par une banque sur instruction d'un donneur d'ordre en

faveur d'un ou plusieurs bénéficiaires. Il peut prendre la forme d'un virement émis ou d'un virement reçu.

Le virement émis (versus virement reçu) est un ordre écrit et signé par le titulaire du compte donnant mandant à la banque de procéder au débit de son compte en faveur d'un autre compte. Cet ordre de virement peut être exécuté sur la même banque, ou sur une autre banque sise dans la zone Uemoa. Dans le cas d'un virement interbancaire, cette opération est exécutée pour des montants inférieurs à 50 millions sur le module « SICA-UEMOA », outil de télé compensation interbancaire dans la zone dont la gestion est assurée par la BCEAO.

Le virement peut être émis par le module « STAR-UEMOA » pour des montants supérieurs à 50 millions de Francs CFA sous forme de message SWIFT « MT 103 » (pour les ordres de transfert clientèle) ou « MT 202 » (pour les ordres de transfert institutions financières)[18].

Dans la pratique, la banque met à la disposition de la clientèle un formulaire de virement.

L'ordre de virement peut être simple, c'est-à-dire une seule opération, ou permanent c'est-à-dire de façon périodique à une date précise pendant un intervalle de temps indiqué par le donneur d'ordre (client).

Il est interbancaire lorsque le donneur d'ordre demande à la banque un transfert de fonds vers une autre banque de la zone.

Lorsque les comptes du donneur d'ordre et du bénéficiaire sont ouverts dans les livres de la banque, on parle dans ce cas de virement interne.

Il est international (hors Uemoa) lorsque le donneur d'ordre demande à la banque un transfert de fonds à l'étranger[19].

Le banquier doit s'assurer de l'existence de la provision sur le compte, à défaut l'ordre ne pourrait pas être exécuté. Toutefois, la banque peut viser cet ordre pour l'exécuter si elle est sûre que le client fera la couverture après.

---

[18] Banque Centrale du Luxembourg, BCL SWIFT user guide, juin 2010.
[19] Ce point fera l'objet d'un traitement aux points ci-dessous.

Les dates de valeur sont fixées comme suit conformément à la décision N°397/12/2010 de la BCEAO :

- Pour les virements émis, le compte est débité le premier ouvré précédant celui du paiement ou de l'exécution de l'opération.
- Les virements reçus sont crédités au plus tard le premier jour ouvré suivant celui de la réception du virement.

Le virement de compte à compte ainsi que l'encaissement de virements nationaux, communautaires et internationaux sont offerts à titre gratuit (franco) grâce une décision de la BCEAO.

Comptabilisation ordre de virement

Débit	Crédit
2511......... Client X	11........ BCEAO 70...... Commissions sur virement 33......... TAF/virement

Comptabilisation virement reçu via SICA-UEMOA

Débit	Crédit
27……… Compte de divers/virement SICA	2511…….. Client X

6. Le prélèvement automatique

Le prélèvement automatique est une opération ponctuelle ou permanente par laquelle le client (généralement un salarié) donne mandat à sa banque de débiter périodiquement son compte d'un montant fixe en faveur d'une institution. Il peut s'agir d'un règlement de facture d'électricité et eau, de souscription à une police d'assurance vie, d'abonnement à un bouquet télé donnant droit à un ensemble de chaîne de télévision, etc.

Dans la pratique, le client renseigne un formulaire préétabli indiquant le nom & prénom du client, son numéro de compte, le montant, la date de prélèvement, et le numéro de compte du créancier. Le créancier adresse à la banque généralement un avis de prélèvement justifié par une pièce ou un document dûment renseigné et signé par le client. En cas de non-paiement, la banque n'est pas tenue de le déclarer à la centrale des incidents de paiement (CIP BCEAO).

Comptabilisation prélèvement

Débit	Crédit
2511………. Client X	2511…….. Société d'assurance par exemple

7. La compensation interbancaire

7.1.Généralité

La compensation bancaire désigne un système d'extinction mutuelle des créances réciproques des participants. Elle intervient lorsque deux ou plusieurs personnes sont à la fois créancières et débitrices les unes envers les autres. Ainsi, au lieu que chacune s'acquitte vis à vis de l'autre par un paiement isolé, le droit OHADA admet que les créances mutuelles se neutralisent c'est-à-dire se compensent.

La compensation interbancaire a donc pour unique but de permettre le paiement des valeurs (chèques, effets, virements) que les banques, le Trésor Public et le CCP ont les uns sur les autres.

Elle se tient tous les matins des jours ouvrés, sous la supervision de la BCEAO car c'est elle qui gère le système central de la compensation.

La BCEAO a automatisé le traitement de la compensation, depuis novembre 2005, par la mise en place d'un système informatisé de compensation à travers le module SICA UEMOA (Système Interbancaire de Compensation Automatisé dans l'UEMOA).

Ce module de compensation interbancaire permet l'envoi automatisé en compensation des valeurs qui sont préalablement saisies dans l'application.

La présentation des chèques à la télé-compensation à un jour " j", doit être faite :

☞Soit le jour "j" avant 10 heures
☞Soit à "J-1" après 10 heures.

Pour la bonne marche des opérations de compensation, la réglementation en vigueur dans l'Union, fait obligation à chaque banque de désigner, au sein du personnel, un agent de compensation principal et un suppléant.

La remise par la clientèle des chèques à l'encaissement peut se faire dans n'importe quelle agence d'une banque participante. Le sort de la remise est reçu dans l'agence dans laquelle est basé le compte du bénéficiaire.

Au retour-compensation, le "toilettage" est effectué par l'agent en charge de la compensation. C'est une opération qui consiste à faire un contrôle de cohérence de chaque opération financière avec son image scannée. Après ce toilettage, chaque agence reçoit les images des chèques la concernant.

Conformément à la réglementation sur les incidents de paiement, tout banquier qui rejette un chèque pour défaut ou insuffisance de la provision doit :

☞ Enregistrer l'incident de paiement et déclarer celui-ci à la Banque Centrale au plus tard le 4ème jour ouvrable suivant la date du refus de paiement ;

☞ Délivrer une attestation précisant le motif du rejet au présentateur ;

☞ Adresser au débiteur un avis de non-paiement.

Les banques ont le droit de prendre des mesures d'interdiction bancaire à l'égard des auteurs d'émission de chèque sans provision, avec injonction de restitution des formules de chèques en leur possession et en celle de leurs mandataires.

Le règlement N°15 permet de régulariser à tout moment un incident, sous réserve du paiement par son auteur du montant du chèque et, le cas échéant, d'une pénalité libératoire (1.000 FCFA par tranche de 10.000; soit 10% sur le montant figurant en incident) acquise à la BCEAO au compte du Trésor Public de l'Etat.

Le banquier tiré, en cas de non-paiement du chèque, est tenu de délivrer, sans frais, au porteur du chèque un certificat de non-paiement dans le délai de 30 jours à compter de la première présentation. La signification du certificat de non-paiement au tireur par un huissier vaut commandement de payer, pouvant conduire dans des délais brefs à la délivrance d'un titre exécutoire (appelé protêt) par le greffier du tribunal au profit du bénéficiaire du chèque (Article 123 du Règlement n°15/2002/CM/UEMOA relatif aux systèmes de paiement).

7.2.La description des différentes étapes

Il existe deux (02) grandes étapes dans la pratique pour une banque dénommée X : Aller compensation et le Retour compensation.

En effet, l'aller compensation consiste pour la banque X à présenter à la compensation les chèques tirés sur autres banques (Y, Z, etc.). Et le retour compensation consiste à traiter les chèques tirés sur elle-même (la banque X) présentés par les autres banques.

Aller compensation :
Les étapes suivantes se dégagent :

1. La banque réceptionne les remises de chèque de ses clients
2. La banque procède aux saisies et scannages (scanner les chèques à un outil approprié) des valeurs à présenter
3. La banque déclare les valeurs à présenter dans le module de compensation de son progiciel bancaire (Système d'information bancaire)
4. La banque via son service informatique génère les fichiers des images et valeurs de compensation (ces fichiers sont appelés « ICom » et « Mail ») qui sont ensuite envoyés à la BCEAO (superviseur de la compensation)
5. La banque charge via son service informatique les fichiers retours émanant de la BCEAO
6. La banque consulte le sort des valeurs présentées à la compensation c'est-à-dire les chèques payés et les rejets accompagnés de leurs motifs.

Retour compensation :

1. La banque génère via son service informatique les fichiers des valeurs reçues (envoyés par la BCEAO). Ces valeurs sont présentées par les autres banques et les chèques sont tirés sur la banque
2. La banque procède au toilettage des valeurs reçues via son service de compensation. Il consiste à contrôler la cohérence de chaque opération avec son image scannée et vérifier les mentions obligatoires (montant en chiffres et en lettres, la régularité des endos, le spécimen)
3. La banque procède au traitement des valeurs conformes en débitant les comptes concernés si la provision existe. Si la provision

n'existe pas, la banque peut toutefois en fonction de la qualité de la relation avec le client faire le paiement (forçage ou dépassement)
4. La banque rejette les valeurs non conformes avec leurs motifs (sans images, images partiellement scannées, absence de provision, endos irréguliers, signatures non conformes, etc.)
5. La banque déclare les rejets
6. Pour les cas d'absence de provision ou sans provision, la banque les déclare à la CIP (Centrale des Incidents de Paiement) et applique la procédure en vigueur conformément au Règlement N°15.

7.3.La comptabilisation

Les écritures comptables suivantes sont générées automatiquement dans le système d'information bancaire :

Cas des chèques pris à l'encaissement payables chez les autres banques

Prise de la valeur à l'encaissement

Débit	**Crédit**
9611…. Valeurs à l'encaissement	9612….. Compte auxiliaire client compensation

Envoi en recouvrement

Débit	**Crédit**
3721….. Envoi en chambre de compensation	3731…. Contrepartie envoi en chambre de compensation

Si la valeur est payée

Débit	**Crédit**

111… BCEAO Compte ordinaire	3721…. Envoi en chambre de compensation
3731… Contrepartie de l'envoi en chambre de compensation	9611…. Valeur à l'encaissement
9612… Compte auxiliaire client compensation	2511… Compte auxiliaire client dépôt

Si la valeur est rejetée

Débit	**Crédit**
3731… Contrepartie de l'envoi en chambre de compensation	9611… Valeur à l'encaissement
9612… Compte auxiliaire client compensation	3721… Envoi en chambre de compensation

Cas des chèques pris en crédit immédiat

Phase réception

Débit	Crédit
9611… Valeurs à l'encaissement	9612… Compte auxiliaire client compensation

Crédit du compte du client

Débit	Crédit
3711….. Valeurs à l'encaissement avec crédit immédiat	2511…. Compte client 7029… Frais 332… Taxes

Envoi en recouvrement

Débit	Crédit
3721…. Envoi en chambre de compensation	3731…. Contrepartie envoi en chambre de compensation

Comptabilisation du sort

Si la valeur est acceptée

Débit	Crédit
9612…. Compte auxiliaire client compensation	9611….. Valeurs à l'encaissement

Débit	Crédit
111….. BCEAO Compte ordinaire	3721…. Envoi en chambre de compensation
3731…. Contrepartie de l'envoi en chambre de compensation	3711… Valeurs à l'encaissement avec crédit immédiat

Si la valeur est rejetée

Débit	Crédit
9612…. Compte auxiliaire client compensation	9611….. Valeurs à l'encaissement

Débit	Crédit
3731…. Contrepartie de l'envoi en chambre de compensation	3721…. Envoi en chambre de compensation

Débit	Crédit
2511…… Compte ordinaire client	3711…. Valeur à l'encaissement avec crédit immédiat

8. Le compte bancaire

Le compte peut se définir comme étant un état comptable retraçant l'ensemble des opérations débitrices ou créditrices effectuées par le client dans le cadre sa relation d'affaires avec la banque.

L'article 3 de l'instruction N°01/2003/SP du 8 mai 2003 de la BCEAO stipule : « *Toute personne physique ou morale dépourvue d'un compte bancaire ou postal et justifiant d'un revenu régulier tel que prévu à l'article 8 du règlement, d'un montant supérieur ou égal à cinquante mille (50.000) FCFA, a droit à l'ouverture d'un tel compte auprès de l'établissement de son choix et à la mise à sa disposition d'au moins un instrument de paiement entouré des sécurités nécessaires* ».

Cette instruction du gouverneur de la BCEAO vient compléter le règlement N°15/2002/CM/UEMOA qui insiste également sur le même droit en son article 8. Ainsi, cet article précise en son alinéa 2 que la BCEAO peut désigner un établissement d'office en cas de refus successif d'ouverture de trois (3) établissements.

Les services bancaires de base sont également garantis par le règlement susmentionné en son article 10 comme suit :

- La gestion du compte ;
- La mise à disposition d'au moins un instrument de paiement, entouré des sécurités nécessaires ;
- La possibilité d'effectuer des virements (domiciliation, encaissement et paiement) à partir de ce compte ;
- La possibilité d'effectuer des prélèvements à partir de ce compte ;
- La réception et la remise en compensation d'opérations de paiements pour le compte du client ;
- La délivrance au client de relevés de compte trimestriels et, à sa demande, de

- Relevés d'Identité Bancaire ou Postale.
- Les conditions supplémentaires d'usage du compte, ainsi que les pénalités encourues en cas de mauvaise utilisation ou de fraude seront spécifiées dans la convention d'ouverture de compte.

8.1 Les différents types de comptes

8.1.1 Le compte chèque

Pour le segment des particuliers, le compte chèque sert de dépôts de fonds, de domiciliation de salaires, de pensions-retraites, de retrait de fonds le plus souvent avec des formules de chèques, ce qui fait appeler ces comptes « comptes chèques ».

8.1.2 Le compte commercial

Les relations entre banque – entreprises sont généralement complexes car elles vont au-delà du simple service de caisse à des opérations de crédits (escompte d'effet, crédits de trésorerie, crédits d'investissement, etc.). Elles sont retracées sur un compte bancaire appelé compte courant ou compte commercial[20].

Les effets induits du compte commercial :

Le compte commercial a 3 effets induits sur son fonctionnement. Ces effets sont la novation, l'indivisibilité, et le cours des intérêts.

- **Le principe de la novation :**

La novation est un terme juridique qui correspond à la substitution d'un lien juridique qui disparaît au profit d'un autre lien juridique qui engendre une nouvelle relation contractuelle. Ainsi, il y a novation quand il y a remplacement d'une obligation par une autre. Le terme de novation s'applique ainsi lorsqu'une dette est transformée en une autre dette ou lorsque l'on assiste à un changement de créancier ou de débiteur.

En effet, une créance inscrite sur le compte commercial subit le principe de la novation en devenant un simple article de ce compte. Cette créance perd de facto son caractère individuel ainsi que les sûretés

[20] Le compte commercial peut également bénéficier de formules de chéquiers et des cartes monétiques. En clair, il s'agit d'un compte d'entreprise différent du compte particulier qu'on a auparavant dénommé compte « chèques ».

associées. Exemple : traite escomptée échue impayée adossée sur une convention de compte courant.

- **L'indivisibilité**

Bien que les articles du compte (débit, crédit) restent indépendants, ils forment un bloc indissociable dont le solde seul peut retracer la situation débitrice ou créditrice du client à l'arrêté du compte.

- **Les taux d'intérêts**

Les sommes inscrites sur le compte commercial portent des intérêts débiteurs ou créditeurs en fonction des conditions créditrices et des conditions débitrices de chaque banque sous réserve du taux de l'usure (15% depuis le 1er janvier 2014).

Les conditions créditrices concernent le barème de rémunération des dépôts et de l'épargne des particuliers et entreprises ainsi que des dépôts publics et assimilés. Les conditions débitrices font référence aux intérêts, frais, commissions et rémunérations de toute nature, appliqués pour les services bancaires et financiers offerts à la clientèle.

En effet, la rémunération[21] du compte courant est autorisée dans la zone Uemoa. Chaque banque en fonction de ses conditions préférentielles pourrait rémunérer les clients pourvoyeurs de ressources (entreprises, ONG, Projets, Organismes et institutions).

8.1.3 Autres catégories de comptes

En plus des deux comptes traités ci-dessus, il existe d'autres catégories de comptes notamment : le compte d'épargne ; le DAT ; le plan épargne ; le compte joint ; le compte étranger ; et le compte titre.

Les comptes et livrets d'épargne :

Ce type de compte permet à l'épargnant de déposer les montants de son choix, aux périodes de son choix et d'en disposer sans formalité s'il le désire. Un livret sur lequel les versements et retraits sont retracés est donné à titre gratuit au client.

[21] Décision N°397/12/2010 portant règles, instruments et procédures de mise en œuvre de la politique de la monnaie et du crédit de la BCEAO.

La décision N° CM/UMOA/008/06/2013 du 28 juin 2013 du Conseil des Ministres fixe le montant maximum des avoirs en comptes et livrets d'épargne par une limite de placement d'un plafond de 10 millions de francs CFA par les personnes physiques.

Aussi, la décision N° CM/UMOA/016/09/2014 du 24 septembre 2014 relative aux conditions de rémunérations des produits d'épargne règlementés, a retenu un taux fixe de rémunération de 3,5% l'an dans la limite du montant maximum (10 millions de FCFA). La fréquence de révision de ce taux est semestrielle.

Les intérêts sont décomptés par quinzaine civile avec capitalisation par année civile. Ainsi, les intérêts capitalisés porteront eux même leurs intérêts à leur tour ; donc ils deviennent capital.
Quant aux dates de valeur, les opérations au débit du compte sont enregistrées le « dernier jour ouvré de la quinzaine » précédant l'opération et les opérations au crédit, le « premier jour ouvré de la quinzaine » suivant l'opération.

Le régime fiscal est soumis à la taxe sur les activités financières (TAF).

Les plans épargne et autres produits d'épargne contractuelle :

La décision N° CM/UMOA/008/06/2013 du 28 juin 2013 du Conseil des Ministres donne les caractéristiques minimales que doivent présenter les plans d'épargne et autres produits d'épargne contractuelle. Ces caractéristiques se présentent ci-après :

- *Le produit doit correspondre à un système d'épargne-crédit qui donne droit au bénéfice d'un crédit au client-épargnant, à l'issue d'une période d'épargne convenue ;*
- *Le crédit octroyé à l'issue de la période d'épargne doit être assorti d'un taux préférentiel par rapport aux conditions de taux ordinaires du marché, pour la même nature de crédit ;*
- *Le client-épargnant ne peut, sauf dispositions contractuelles contraires, procéder à des retraits sur les fonds concernés avant l'échéance de la période d'épargne convenue, sous peine de s'exposer à la transformation du plan ou du produit d'épargne con-*

tractuelle en compte d'épargne sur livret ordinaire, avec effet rétroactif ;

- *Les sommes collectées doivent être affectées à des emplois intéressant l'objet pour lequel le produit est proposé ;*
- *Le montant du crédit octroyé doit représenter un multiple entier de l'épargne constituée, sous réserve de la solvabilité du client-épargnant.*

La décision N° CM/UMOA/016/09/2014 du 24 septembre 2014 relative aux conditions de rémunérations des produits d'épargne réglementés, a retenu un taux minimum de rémunération de 3,5% l'an. La fréquence de révision de ce taux est semestrielle. Et, son régime fiscal est assujetti à la taxe sur les activités financières (TAF).

Le Dépôt à Terme (DAT) :

Les dépôts à terme communément appelés « compte à terme ou compte bloqué » par certains opérateurs économiques, est un contrat à travers lequel l'épargnant demande à sa banque de bloquer une certaine somme pour un certain temps moyennant un taux de rémunération.

La décision N° CM/UMOA/008/06/2013 du 28 juin 2013 fixe à un plafond de 10 millions pour une échéance d'un an au plus les contrats de DAT souscrits par les personnes physiques.

Taux : *Ces dépôts sont rémunérés à la plus grande valeur, arrondie au quart de point le plus proche, entre le Taux Moyen Mensuel du Marché Monétaire du mois précédant le semestre concerné diminué de 0,25 point de pourcentage et le taux d'inflation annuel moyen de l'avant dernier mois précédant le dit semestre, augmenté de 0,25 point de pourcentage* (décision N°CM/UMOA/016/09/2014 du 24 septembre 20 du Conseil des Ministres).

Les intérêts sont versés à l'échéance. Quant au régime fiscal, les intérêts sont soumis à une imposition variant d'un pays à un autre. Par exemple : 9% au Mali ; 8% au Sénégal ; 12,5% au Burkina Faso ; 13,5% Côte Ivoire pour les personnes physiques.

Enfin, le déblocage des fonds se font très souvent avec une pénalité de 1% calculée sur le montant à mobiliser.

Le compte joint :

Ce type de compte est ouvert au nom de deux ou plusieurs personnes qui peuvent ne pas être de même famille. Le compte joint concerne dans la plupart des cas un couple marié ou non.

Les titulaires sont solidairement responsables des soldes du compte (débiteurs ou créditeurs). En cas d'interdit bancaire, les titulaires doivent désigner un des leurs qui sera frappé d'interdiction d'émettre des chèques *(Cf. article 117 du Règlement N°15/2002/CM/UEMOA).*

Le compte joint peut être bloqué totalement ou partiellement par la banque en cas de saisie-attribution en attendant de déterminer la part qui revient à chaque titulaire.

Les comptes chèques, les comptes d'épargne, les comptes titres et les dépôts à terme (DAT) peuvent être ouverts en compte joint. Par contre, les plans d'épargne (logement, éducation, retraite, action, habitat, etc.) ne peuvent pas l'être.

Les comptes étrangers :

Ces types de comptes sont très règlementés et surveillés de très près par la Banque Centrale (BCEAO). L'instruction N°08/07/2011/RFE relative aux conditions d'ouverture et aux modalités de fonctionnement des comptes étrangers de non-résidents[22], des comptes intérieurs en devises de résidents et des comptes de résidents à l'étranger de la BCEAO est le texte réglementaire de base. En effet, il stipule en son article 2 que les comptes étrangers aux non-résidents (en euros ou francs) peuvent être ouverts pour une durée de deux (2) ans.

L'ouverture de comptes étrangers en francs ou euro aux non-résidents est assurée par les établissements de crédit. Toutefois, ils doivent s'assurer de la qualité et la preuve de résidence effective (Article 2 de l'instruction supra).

[22] Personnes physiques ayant leur principal centre d'intérêt dans un Etat membre de l'UEMOA, fonctionnaires nationaux en poste à l'étranger et personnes morales nationales ou étrangères pour leurs établissements dans un Etat membre de l'UEMOA.

Par contre l'ouverture de comptes étrangers en devise au profit d'un non résident est soumise à l'autorisation préalable de la Banque Centrale (BCEAO).

La durée de validité de ces comptes étrangers est de deux (2) ans dont le renouvellement est conditionné à une nouvelle requête similaire comme la première. Et, la clôture intervient de facto, à l'expiration de ce délai.

Par ailleurs, quant à l'ouverture de comptes intérieurs en devises en faveur de résidents, l'article 7 de la même instruction précise en substance qu'une demande d'ouverture doit être adressée au Ministre chargé des Finances et déposée à la BCEAO, accompagnée notamment des éléments ci-après :

- ✓ La dénomination sociale du requérant ;
- ✓ La devise et la banque domiciliataire du compte ;
- ✓ La motivation précise de la demande à laquelle sont joints les documents justificatifs relatifs aux opérations à exécuter sur le compte, notamment le contrat ou tout autre document ;
- ✓ La durée du compte.

L'autorisation du Ministre des Finances indiquera la nature des opérations devant être exécutées sur le débit et crédit du compte. La durée de validité de ces comptes ne peut dépasser un (1) an. Le compte doit aussitôt être clôturé si aucune demande de renouvellement n'est formulée (article 8 de l'instruction).

Quant à l'ouverture d'un compte de résident à l'étranger, il est subordonné à l'autorisation préalable du Ministre chargé des finances après avis conforme de la BCEAO sauf les représentations diplomatiques nationales (articles 9 et 10 de la même instruction).

Enfin, les établissements de crédit sont tenus d'y communiquer des comptes rendus périodiques, (chaque 10 jours ; chaque fin de trimestre ; chaque fin d'année) relatifs aux comptes ouverts aux non-résidents, aux comptes intérieurs en devises de résidents et aux comptes de résidents à l'étranger conformément à l'instruction susmentionnée, à l'endroit de la BCEAO et la Direction chargée des finances extérieures.

Le compte-titres :

Les teneurs de compte-titres sont constitués sous forme de Société de Gestion et d'Intermédiation (SGI)[23] dans chaque Etat membre de l'UEMOA pour assurer l'ouverture et la tenue de compte-titres, dans leurs livres, pour leur propre compte ou pour le compte de leurs clients. L'agrément de teneur de comptes est accordé notamment aux banques par la Banque Centrale. Les activités de teneurs de comptes s'exercent en adossement à la domiciliation de l'ensemble des titres auprès de la BCEAO.

Lorsqu'une transaction donne lieu à transmission des titres chez un autre teneur de comptes et/ou changement dans la propriété des titres, il est requis de chacune des parties, l'établissement, sous le contrôle du teneur de comptes, d'un ordre de mouvement.

L'ordre de mouvement est établi selon un formulaire normalisé. Les ordres de mouvement dûment remplis sont adressés par les teneurs de comptes, le jour de l'opération, à la Direction Nationale de la BCEAO de l'Etat du donneur d'ordre, en vue de la compensation. La transmission à la Banque Centrale des ordres de mouvements s'effectue au choix des intervenants, par télécopie, télex, courrier ordinaire ou toute autre voie de communication rapide acceptée par la BCEAO. Dans le cas où les deux parties sont domiciliées auprès du même teneur de comptes, celui-ci procède à la compensation des opérations et communique copie des ordres à la Direction Nationale de la BCEAO pour attribution.

Enfin, la Bourse Régionale des Valeurs Mobilières (BRVM) est quasiment passée à la dématérialisation[24] des titres (certificats action et obligation).

8.2 Les vérifications préalables à l'ouverture du compte bancaire

L'ouverture de compte chèque amorce l'entrée en relation avec la banque. C'est évidemment le moment de recueillir un ensemble d'informations auprès du client. Pour ce faire, l'agent en charge des

---

[23] Société de gestion et d'intermédiation agréée par le conseil régional de l'épargne publique et des marchés financiers (CREPMF).

[24] Se définit comme l'inscription obligatoire des titres sur un compte-titre ouvert à cet effet. Ce point dénote du dispositif de développement et d'approfondissement du marché financier sous régional. Toutefois, le support écrit restera sur place.

ouvertures de compte au front office[25] procède à une certaine vérification notamment l'identité et la capacité juridique du client.

L'identité d'un client comprend le nom, prénoms, la date et lieu de naissance, la nationalité, le domicile, la profession, et la signature ou l'empreinte digitale.

Le dispositif de lutte contre le blanchiment de capitaux et le financement du terrorisme dans l'union économique et monétaire ouest africaine (Uemoa, 2005) et ses textes corollaires exigent à la banque de connaître son client lors de l'entrée en relation en demandant les renseignements complémentaires utiles à une bonne connaissance de la situation personnelle ou professionnelle de son client dans le but de s'assurer que les opérations effectuées sur le compte ne sont pas issues des opérations de blanchiment de capitaux. Une fiche KYC (Know Your Customer : Connaître son client) est renseignée par le guichetier à cet effet.

Le banquier doit s'assurer, avant toute délivrance de formule de chéquier, que le client n'est pas frappé d'une interdiction bancaire conformément à l'article 114 du règlement numéro 15/2002/CM/UEMOA relatif aux systèmes de paiement dans les Etats membres de l'Uemoa.

La notion de capacité juridique désigne le pouvoir que la loi confère aux personnes d'accomplir des actes juridiques, de prendre des engagements et de défendre leurs intérêts. Cependant, la loi ne précise pas expressément les personnes capables mais elle énumère celles qui sont incapables en établissant les divers degrés d'incapacité.

La loi distingue les incapables mineurs on émancipés des incapables majeurs sous tutelle ou curatelle ou sous sauvegarde de justice.

8.3 La gestion du compte bancaire

Dans la gestion du compte bancaire, il y a trois points cruciaux à retenir en l'occurrence les incidents de fonctionnement ; les services offerts à titre gratuit et les dates de valeur.

---

[25] Le front office est synonyme des activités qui créent de la valeur au sens de M. Michel PORTER, économiste industriel français comme par exemple la Direction Clientèles. Il se distingue du back office qui englobe généralement les activités supports (Comptabilité, informatique, opérations bancaires, etc.).

Les incidents de fonctionnement du compte sont assujettis au régime du droit commun c'est-à-dire en l'espèce le droit OHADA (Organisation Pour l'Harmonisation du Droit des Affaires en Afrique regroupant 17 Etats membres). A cet égard, l'Acte Uniforme Portant Organisation des procédures Simplifiées de recouvrement et des voies d'exécution Adopté le 10 avril 1998 Journal Officiel de l'OHADA N° 6 du 1er juillet 1998, constitue le texte règlementaire de référence.

En effet, les saisies et les avis à tiers détenteur sont des procédures de recouvrement à titre conservatoire (saisie-conservatoire) et à titre d'exécution (saisie-attribution et avis à tiers détenteur).

La saisie-attribution (anciennement appelée saisie-arrêt) est une procédure par laquelle un créancier (le saisissant) appréhende immédiatement tout ou parties des sommes détenues par un tiers (tiers saisi) au nom de son débiteur (le saisi).

L'avis à tiers détenteur (ATD) est une procédure par laquelle le Trésor Public récupère les sommes qui lui sont dues en guise des impôts impayés.

Il s'agit du recouvrement par l'administration fiscale des créances fiscales et sociales. Ces créances sont des créances privilégiées contrairement aux créances ordinaires (ou créances chirographaires) qui ne disposent pas de privilège.

La différence fondamentale entre l'ATD et les saisies (conservatoires ou attributions). En effet, les saisies sont d'origine judiciaire tandis que l'ATD est d'origine étatique (Impôts, Trésor Public). Aussi, dans l'exécution l'ATD oblige la banque de se libérer du solde disponible entre les mains de l'émetteur tandis que pour les saisies le paiement n'est pas immédiat.

L'ATD ne concerne pas les comptes-titres et les coffres forts.

Pour les services gratuits, l'instruction N°004-06-2014 du 25 juin du Gouverneur de la BCEAO a rendu les services bancaires ci-après gratuits en faveur de la clientèle :

- ✓ Ouverture de compte ;

✓ Délivrance de livret d'épargne ;

✓ Tenue de compte sur livret d'épargne ;

✓ Transmission de relevé de compte (une fois par mois) ;

✓ Relevé récapitulatif des frais annuels ;

✓ Dépôt d'espèces dans la banque du client quel que soit le guichet (hors acquittement de frais de timbre fiscal) ;

✓ Retrait d'espèces dans la banque du client quel que soit le guichet, a ('exception des opérations par chèques de guichet ;

✓ Domiciliation de salaire ;

✓ Changement d'éléments constitutifs du dossier du client, notamment d'identification ;

✓ Mise en place d'une autorisation de prélèvement (ordre de prélèvement à partir du compte) ou de virement permanent (création du dossier) ;

✓ Clôture de compte.

✓ Retrait auprès d'un guichet automatique (GAB/DAB) de la banque du client ;

✓ Paiement par carte bancaire au sein de l'UMOA ;

✓ Consultation de solde et édition du relevé de solde au GAB/DAB dans la banque du client ;

✓ Virement de compte à compte dans la même banque ;

✓ Encaissement de chèques tires sur une banque de l'Union ;

✓ Encaissement de virements nationaux, communautaires internationaux.

✓ Avis de débit et de crédit par voie électronique ;

✓ Consultation et édition du solde et de l'historique du compte à travers le GAB/DAB de la banque du client.

Concernant, les dates de valeur conformément à la décision N°394 de la politique monétaire (BCEAO) :

Comptes courants

☞ Retrait et versement espèce : J
☞ Virements émis ; Domiciliations d'effets et paiements de chèques : J-1
☞ Remise de chèques : J+1
☞ Remise d'effet à l'escompte : J+1
☞ Virements reçus : J+1

Comptes et livrets d'épargne

☞ Au débit des comptes : Dernier jour ouvré de la quinzaine Précédant l'opération.
☞ Au crédit des comptes : Premier jour ouvré de la quinzaine Suivant l'opération.

9. La monétique et les produits de la télématique

En plus des cartes monétiques que nous avons vues *supra* les produits de la télématique sont en plein essor grâce aux NTIC (Nouvelles Technologies des Informations et de la Communication). Ces produits sont : le sms banking ; l'internet banking, le paiement mobile et les produits d'assurance.

Le sms banking et l'internet banking sont très souvent incorporés dans des offres packagées c'est-à-dire elles sont vendues grâce à la vente croisée de plusieurs produits (exemple : package salarié regroupant une possibilité de crédit, la carte bancaire, le sms banking, l'internet banking, le plan épargne).

Quant aux paiements mobiles[26], les sociétés de téléphonie concurrencent très fortement les banques dans ce créneau très porteur. Les transactions virtuelles sur une année atteignent des proportions élevées

[26] Le mobile banking ou mobile money, stricto sensu, désigne les services financiers par téléphone portable, offerts par les établissements de crédit. Il s'agit principalement de services de consultation de soldes, de paiement de factures, d'émission de cartes prépayées et de transfert d'argent. Le concept, lato sensu, s'étend à l'ensemble des services financiers pouvant être offerts avec ou sans compte bancaire par tout établissement agréé à cet effet. C'est une activité d'avenir qui est fortement encadrée par la BCEAO.

(autour de 6.000 milliards FCFA en 2015)[27]. Toutefois, au regard de la courbe d'expérience des banques, la complémentarité s'impose avec les banques partenaires (micro crédits, micro épargnes et micro assurances).

Enfin, dans un système d'architecture ouverte, les banques peuvent commercialiser les produits d'assurance en fonction de leur centre d'intérêt. Par exemple assurance vie pour les salariés.

[27] BCEAO, rapport 2015 sur les paiements mobiles.

III. Missions et fonctions des guichetiers

Les guichetiers sont les maillons essentiels dans la gestion de la relation clientèle au sein d'une agence bancaire. Ils doivent s'occuper des ouvertures de compte ainsi que les opérations y afférentes. Ils doivent intégrer dans leurs habitudes le dispositif de sécurité, la culture risque, et les procédures de gestion des comptes voire surtout la gestion des incidents.

1. Le guichetier et les opérations d'ouverture de compte à la clientèle

Pour l'ouverture de compte particulier, le client apporte la preuve de son identité à l'ouverture de compte au moyen des documents suivants :

- ✓ La CNI (Carte Nationale d'Identité) en cours de validité, ou le passeport, ou une carte consulaire
- ✓ un extrait de naissance
- ✓ Un certificat de résidence ou un contrat de bail ou la facture d'électricité
- ✓ Deux photos d'identité
- ✓ Un versement minimum qui varie d'une banque à l'autre ou une ouverture à blanc si le salaire est domicilié sur le compte.
- ✓ Compte d'épargne lié au compte chèque dans le cas d'une offre packagée
- ✓ Eventuelles procurations

La banque va également recueillir le spécimen de signature de son client qui sera scanné et disponible sur le compte. Pour chaque opération, le guichetier[28] procédera à la vérification et « conformisation » qui se matérialise par un cachet « conforme » de ce spécimen.

Le banquier renseigne le carton ou document d'ouverture de compte au moyen de questionnaires[29] et fait signer, in fine, le client. Ce document comporte généralement au verso l'ensemble des conditions d'utilisation ou conventions d'ouvertures de compte devant être signées par le client.

Le client désireux pourrait adhérer aux autres offres de la banque et en signer les fiches d'adhésion y afférentes (offre packagée, produits monétiques, internet banking, mobile banking, etc.). La délivrance du carnet de chéquier interviendra quelques jours plus après l'ouverture de compte.

Enfin, le client se voit attribuer un numéro de compte, numéro qui sera repris son RIB (Relevé d'Identité Bancaire –qui se matérialise par un petit carton-) qui comprend le nom du client, le code pin du client, le code pays (2 lettres + 3 chiffres), le code banque (2 lettres + 3 chiffres), le code agence (5 chiffres), le numéro de compte (12 chiffres) et la clé RIB (habituellement 2 chiffres). Sur le RIB figure l'IBAN (International Bank Account Number) à 28 caractères qui l'identifiant international du compte dans les opérations internationales avec les correspondants.

En outre, le compte commercial est, essentiellement, ouvert au nom des commerçants, des entreprises individuelles, des sociétés et GIE. Aussi, il peut être ouvert dans une certaine mesure au nom des associations et collectivités publiques, des ONG et organismes internationaux.

Les conditions d'ouverture peuvent se résumer comme suit :

Pour les Société à Responsabilité Limitée(SARL) et Sociétés Civile Professionnelles :
✓ Statuts dûment enregistrés
✓ Registre de commerce

[28] Agent travaillant en front office dans une agence bancaire. Il vérifie la régularité des chèques, et des ordres de virements. Il saisit également les écritures de versement ou de retrait dans les livres de la banque.
[29] Fiche KYC : une mine d'information pour la banque.

✓ PV de l'assemblée générale extraordinaire des associés nommant le gérant (à défaut d'indication dans les statuts) ou le(s) mandataire (s).
✓ photos d'identité de chaque signataire
✓ Une pièce d'identité (en cours de validité) de chaque signataire
✓ un justificatif de domicile (facture téléphone ou électricité, contrat de bail au nom de la société)
✓ Un montant minimum qui varie d'une banque à une autre

Pour les Sociétés en Nom Collectif (SNC) ou sociétés en commandite simple (SCS) :
✓ Statuts dûment enregistrés
✓ Registre de commerce
✓ PV de l'assemblée générale extraordinaire nommant le gérant
✓ Photos d'identité de chaque signataire
✓ Procuration donnée en faveur d'autres mandataires
✓ Une pièce d'identité (en cours de validité) de chaque signature
✓ un justificatif de domicile (facture téléphone ou électricité, contrat de bail au nom de la société).
✓ Un montant minimum qui varie d'une banque à une autre

Pour les Sociétés Anonymes (SA) et Sociétés Civiles Professionnelles (SA) :
✓ Statut dûment enregistrés
✓ Registre de commerce
✓ PV de l'assemblée générale constitutive
✓ PV du conseil d'administration nommant mandataires (PDG ou DG)
✓ Procuration donnée en faveur d'autres mandataires
✓ Photos d'identité de chaque signataire
✓ Une justificatif de domicile (facture téléphone ou électricité, contrat de bail ou certificat de résidence,...)
✓ Un montant minimum qui varie d'une banque à une autre

Pour les commerçants et entreprises individuelles :
✓ Une pièce d'identité du propriétaire
✓ un justificatif de domicile (facture téléphone ou électricité, contrat de bail, ou certificat de résidence...)
✓ Photos d'identité (+ 2 photos du mandant en cas de procuration)
✓ Registre de commerce
✓ Un montant minimum qui varie d'une banque à une autre

Pour les ONG et Organismes internationaux :
✓ Statuts accord cadre ou protocole d'accord ou agrément
✓ Délègue de pouvoir
✓ Une pièce d'identité (en cours de validité) de chaque signature
✓ Photos d'identité de chaque signataire
✓ un justificatif de domicile (facture téléphone, électricité, contrat de bail au nom de la société).
✓ Un montant minimum qui varie d'une banque à une autre

Pour les Associations et Collectivités publiques :
✓ Statuts dûment enregistrés
✓ Récépissé de déclaration (autorisation ministérielle)
✓ PV de l'assemblée générale nommant le responsable et/ou règlement intérieur
✓ Photos d'identité de chaque signataire
✓ Une pièce d'identité en cours de validité
✓ Un justificatif de domicile (facture téléphone, électricité, contrat de bail)
✓ Un montant minimum qui varie d'une banque à une autre

Pour les GIE :
✓ Statuts dûment enregistrés
✓ Registre de commerce
✓ PV de l'assemblée générale ordinaire ou extraordinaire des membres désignant le ou mandataires
✓ Photos d'identité de chaque signataire
✓ Une pièce d'identité de chaque signataire
✓ Un justificatif de domicile (facture téléphone, électricité, contrat de bail)
✓ Un montant minimum qui varie d'une banque à une autre

2. Le guichetier et les opérations liées au fonctionnement du compte

Le guichetier doit assurer le traitement diligent des opérations bancaires inhérentes au fonctionnement d'un compte. On peut citer les opérations suivantes : les retraits et versements d'espèces avant exécution par le caissier et les remises de chèques et les chèques reçus en compensation, la vérification de la conformité des documents, le traitement des demandes de chèques certifiés, etc.

Pour ce faire, il doit subséquemment accomplir les tâches suivantes :

- L'établissement et le contrôle des bordereaux de versement en espèces ;
- La réception des chèques de la banque payables au guichet ou sur place pour le contrôle de conformité, le contrôle de position et le contrôle de signatures ;
- La réception et le contrôle des chèques des confrères payables en compensation ;
- La réception et le contrôle des images des chèques reçus en compensation à envoyer au service opérations domestiques ;
- L'établissement de bordereau de retrait sur livret pour le contrôle de conformité, le contrôle de position, et le contrôle de signature ;
- La réception des demandes de chèques certifiés pour le contrôle de conformité, le contrôle de position, le contrôle de signature et la remise du chèque au client ; etc.

3. La gestion des risques de sécurité au guichet

Les principes de sécurité ci-après doivent être observés :

Pour les guichets : les dispositifs de déclenchement d'alertes silencieuses et adressables séparément sont installés à tous les postes de travail. Les guichets disposent de téléphones avec liaisons extérieures, les numéros de secours y sont affichés.

Pour les clients VIP : les échanges de fonds importants doivent se faire dans une salle sécurisée.

En plus de ces normes sécuritaires pour les caisses et guichets, il doit impérativement y avoir des systèmes de vidéosurveillance et d'alarmes. La banque doit aussi sécuriser ses coffres forts, ses GAB/DABs et prévenir tout risque d'incendie.

4. L'obligation d'information, de non-ingérence et respect du secret professionnel

Le guichetier exerce un métier très sensible car il manipule une mine d'informations relative aux clients. De ce constat, il ressort un certain d'obligations conformément aux procédures en vigueur.

Informer la clientèle : avant toute fourniture d'information à la clientèle, il doit s'assurer de l'identité de la personne demandeuse et son habilité à recevoir telle ou telle information sur le compte (pour les mandataires : voir la procuration et ses limites). S'il s'agit des signataires, l'information doit être donnée dans la plus grande discrétion.

La non-ingérence : il doit observer rigoureusement ce principe sacro-saint c'est-à-dire de ne pas se mêler des affaires d'autrui et rester dans un cadre strictement professionnel.

Le respect du secret professionnel : le code d'éthique et déontologique des banques laisse une place de choix au respect du secret professionnel. La confidentialité est de mise dans le métier bancaire. Le guichetier ne doit pas divulguer des informations privées d'un compte à des personnes autres que les signataires. D'ailleurs, la banque est fondamentalement basée sur le système de confiance. Cette confiance doit se sentir à tous les niveaux des activités bancaires.

5. Le guichetier et la gestion des incidents de compte

La gestion des incidents de compte incombe au guichetier. Ces incidents peuvent se matérialiser comme suit : la saisie-attribution ; la saisie-conservatoire ; l'avis à tiers détenteur.

La saisie-attribution (anciennement appelée saisie-arrêt) est une procédure par laquelle un créancier (le saisissant) appréhende immédiatement tout ou parties des sommes détenues par un tiers (tiers saisi) au nom de son débiteur (le saisi).

Dans la saisie-conservatoire, les fonds sont bloqués en attente d'une décision de justice. Donc, elle peut se transformer en saisie-attribution.

L'avis à tiers détenteur (ATD) est une procédure par laquelle le Trésor Public récupère les sommes qui lui sont dues en guise des impôts impayés.

IV. Les aspects commerciaux de la fonction des guichetiers[30]

Les fonctions de guichetiers requièrent à la fois des compétences techniques et commerciaux. Dans la pratique, ces deux compétences sont intimement liées.

Sur le plan commercial et marketing, il est généralement admis que les objectifs individuels doivent être « SMART », c'est-à-dire répondre aux caractéristiques suivantes :

☞ Spécifiques, car adaptés à chaque commercial ou gestionnaire de comptes, à sa situation et ses problématiques ;

☞ Mesurables, c'est-à-dire quantifiables et contrôlables ; mêmes les objectifs qualitatifs devront être exprimés en données chiffrées ou factuelles ; par exemple, la qualité de service peut s'apprécier par la baisse du nombre de réclamations ou à travers les résultats des enquêtes auprès des clients postés dans les boîtes à suggestions, etc. ;

☞ Acceptés : l'objectif doit emporter l'adhésion du gestionnaire de comptes ; pour cela, au moment de la définition des objectifs collectifs et du plan stratégique pluriannuel, le top management devra impliquer les gestionnaires de comptes, en amont, pour déterminer collectivement les objectifs à atteindre. Ces objectifs ne devront pas leur être imposés, car une stratégie coupée du terrain risque de se heurter à l'incompréhension, voire aux réticences des gestionnaires de comptes ;

☞ Réaliste, c'est-à-dire adaptés au marché, au potentiel et au profil du commercial ou gestionnaire de comptes. Ainsi, un junior (débutant) bénéficiera d'objectifs différents de son collègue plus aguerri (expérimenté), qui le feront progresser sans le décourager ;

☞ S'inscrire dans le Temps, c'est-à-dire avec une échéance précise.

L'atteinte des objectifs est un facteur-clé de la motivation, d'où l'importance de fixer des objectifs ambitieux mais néanmoins réalistes, s'inscrivant dans la démarche « SMART ».

---

[30] Pour plus de détail sur la fonction commerciale, allez-y au chapitre III, les stratégies et marketing bancaires sont traités en profondeur.

1. Les objectifs commerciaux assignés aux guichetiers

Cette fonction est très importante dans une banque commerciale. Il s'agit généralement du premier contact avec un prospect qui fait le déplacement à la banque pour prendre des renseignements. En plus, le guichetier s'occupe également des clients de la banque.

Pour ce faire, il accueille et oriente physiquement et téléphoniquement la clientèle - informe les clients sur les services/produits de base de la banque commerciale. Il réalise les opérations courantes de guichet selon les règles et consignes de sécurité des personnes et des biens.

Par conséquent, ces objectifs commerciaux doivent impérativement prendre en compte le traitement diligent des opérations, la satisfaction clientèle, et l'absence d'erreurs dans l'exécution des tâches. Pour être en phase avec ces objectifs, il doit comprendre les subtilités des produits et services et bancaires.

2. La connaissance des produits et services bancaires

La connaissance des produits et services bancaires relèvent des compétences techniques des guichetiers.

Elles s'inscrivent dans les activités sont :

- o Accueillir les clients et identifier leur demande (administration de comptes, achat/vente de produits et services, informations, etc.)
- o Enregistrer les opérations courantes, les mouvements sur portefeuille et remettre les documents justificatifs
- o Informer le client sur les services/produits selon son niveau de salaire, son épargne et ses projets
- o Sensibiliser les clients à l'utilisation des automates et des services à distance et les assister
- o Actualiser l'affichage publicitaire (affiches, dépliants, ...) ou celui des taux de change
- o Classer les documents et produits (cartes bancaires, chéquiers, lettres recommandées, etc.) et les délivrer après vérification de l'identité

Les produits et services peuvent être cités comme suit (liste non exhaustive) :

- ✓ Comptes chèques

- ✓ Comptes commerciaux
- ✓ Autres catégories de comptes : épargnes, plans, collectifs, étrangers, joints, etc.
- ✓ Domiciliations salaires
- ✓ Prêts particuliers à la consommation
- ✓ Facilités de découvert automatique pour les salariés
- ✓ Transferts à l'étranger
- ✓ Virements interbancaires
- ✓ Mises à disposition
- ✓ Certifications de chèque
- ✓ Transferts rapides
- ✓ Paiement mobile
- ✓ Change manuel
- ✓ Engagements directs : Découvert, crédits de trésorerie, crédits d'investissement, Escompte de traite, avances sur marchandises ou sur marché
- ✓ Engagements par signature : Cautions de soumission, Cautions fermes, Credoc, Lendoc, Avals de traite
- ✓ Constitution de DAT
- ✓ Plafonds de concours directs et indirects annuels
- ✓ Financement des PME/PMI
- ✓ Financement rural
- ✓ Financement des SFD (systèmes financiers décentralisé ou micro finance)
- ✓ SMS Banking pour suivre en temps réel les mouvements sur le compte
- ✓ Internet banking
- ✓ Paiement factures
- ✓ Produits packagés (multi produits)
- ✓ Etc.

3. La communication entre le guichetier et les clients

La communication doit être l'une des qualités essentielles de la fonction de guichetier dans une agence bancaire.

En effet, le guichetier doit être disponible et à l'écoute de sa clientèle dans un cadre strictement professionnel et confidentiel.

Il doit être communicant et réactif : les informations reçues de la clientèle sont primordiales. Il s'agit de les traiter ou de les faire remonter le plus rapidement possible. Il doit bien cerner les besoins des clients et faire de la vente conseil en ayant une approche stratégique des clients dans le strict respect de la politique commerciale et marketing de la banque.

Enfin, le guichetier doit être suffisamment polyvalent pour informer les clients sur les caractéristiques intrinsèques des produits et services de la banque.

4. L'accueil au guichet et ses exigences

L'accueil clientèle au guichet de l'agence bancaire demande un ensemble d'exigences pour que les clients puissent être satisfaits. Parmi ces exigences on peut retenir :

- ✓ La disponibilité
- ✓ L'écoute
- ✓ La célérité
- ✓ La courtoisie
- ✓ La communication
- ✓ Le relationnel
- ✓ La polyvalence
- ✓ L'esprit d'équipe

5. Les aptitudes que doit avoir un guichetier et les techniques qu'il doit maitriser

Les aptitudes que doit avoir un guichetier en plus de ses compétences techniques sont une très bonne probité et intégrité morale, la rigueur dans le travail, un très bon contact clientèle et un esprit d'initiative.

Ces compétences techniques doivent se matérialiser dans les :

- o Modes de paiement
- o Caractéristiques des produits et services bancaires
- o Caractéristiques des produits financiers
- o Techniques de vente
- o Procédures de transfert de devises
- o Textes réglementaires du système bancaire
- o Règles et consignes de sécurité
- o Principes de la relation client
- o Procédures d'administration de compte bancaire
- o Rédactions de documents

6. Maitrise des techniques de ventes rapides des produits et services vendables au guichet

Le guichetier a l'obligation de maîtriser les techniques de ventes rapides au guichet. Les principes fondamentaux de la vente sont le dialogue, l'empathie, créer un climat de confiance, et commencer toujours par les avantages.

Il doit disposer d'une fiche produit recensant les principaux atouts d'un produit donné. Il s'agit de développer des argumentaires[31] convaincants et solides.

Pendant les périodes de promotion et de challenge, le guichetier doit renforcer son agressivité commerciale en cherchant à vendre davantage de produits. Pour ce faire, il doit avoir un comportement de gagnant et inspirer la confiance aux clients. Il doit avoir tous les produits et les fiches d'adhésion prêtes à l'emploi sans perdre de temps face à un client.

---

[31] Argumentation : séquence d'une négociation durant laquelle le banquier cherche à convaincre le client du bien-fondé de son produit. Cette séquence doit amener à la conclusion c'est-à-dire à la décision d'achat.
Argumentaire : ensemble d'arguments sélectionnés. C'est les points forts.
Argument : c'est un avantage prouvé, démontré.

V. QCM : EVALUONS NOS ACQUIS

1) Les spécificités de l'activité bancaire s'appréhendent par :
   a) Le métier d'intermédiation
   b) L'argent : matière première
   c) La création monétaire
   d) Le quasi-monopole des opérations de change
   e) Les principales activités : *dépôts/crédits et services*
   f) Tous les points susmentionnés
2) La banque peut créer de la monnaie dans les :
   a) Opérations de dépôts
   b) Opérations de crédits
   c) Aucunes des deux opérations mentionnées
3) Le multiplicateur de crédit veut dire :
   a) La banque divise ses nouveaux prêts par un effet multiplicateur
   b) La banque diminue ses prêts par multiplication des encours
   c) Les crédits font les dépôts et vice versa
4) Le change manuel se fait :
   a) A la banque
   b) Aux bureaux de change
   c) Tous les deux
5) Parmi les modèles de banque universelle, on peut citer :
   a) Le modèle agrégé
   b) Le modèle intégré
   c) Le modèle architecture fermé
   d) Le modèle architecture ouverte
   e) Le modèle banque à distance (internet et mobile)
6) Les services fournis par la banque génèrent des :
   a) Intérêts
   b) Commissions
   c) Charges
7) Les crédits accordés par la banque génèrent des :
   a) Intérêts
   b) Commissions
   c) Charges
8) Les dépôts collectés par la banque génèrent des :
   a) Intérêts

b) Commissions
c) Charges

9) La fonction de guichetier payeur implique 3 savoirs :
a) La connaissance
b) La compétence
c) Le comportement
d) Le savoir parlé

10) Le guichetier ne traite pas les opérations suivantes
a) Remise de chèque
b) Retrait/versement
c) Crédits commerciaux
d) Adjudications de bons

11) Le guichetier doit comprendre :
a) Le marché bancaire et ses textes
b) L'accueil clientèle
c) Les produits bancaires
d) Uniquement les deux premiers points

12) Le guichetier ne doit pas faire les tâches suivantes
a) Les ventes croisées
b) Les ouvertures de compte
c) L'approvisionnement de la caisse principale

13) Le guichetier ne peut pas opposer le secret bancaire en face :
a) Des ayants droits du client
b) Des administrations : fisc, douane, banque centrale, commission bancaire
c) Des autres banquiers y compris ses collègues

14) Dans le cadre de la lutte contre le blanchiment de capitaux, le guichetier est tenu à plusieurs obligations :
a) Vigilance
b) Relance
c) Déclaration
d) Appel

15) Les déclarations de soupçons auprès de la :
a) CENTIF
b) SENTIF
c) CENETIF

16) Les obligations de vigilance demandent :
a) La surveillance des opérations supérieures à 5 millions FCFA
b) La surveillance des opérations inférieures à 5 millions FCFA

c) De ne rien faire

17) Les obligations de déclaration de soupçon demandent :
   a) La surveillance des opérations supérieures à 100 millions FCFA
   b) La surveillance des opérations inférieures à 50 millions FCFA
   c) La surveillance des opérations supérieures à 10 millions FCFA
   d) De ne rien faire

18) Le chèque est une monnaie :
   a) Divisionnaire
   b) Fiduciaire
   c) Scripturale

19) Le chèque fait intervenir 3 personnes :
   a) Le tiré
   b) Le trieur
   c) Le tireur
   d) Le guichetier
   e) Le bénéficiaire

20) On peut antidater un chèque pour un paiement futur
   a) Vrai
   b) Faux

21) Le chèque peut servir d'instrument de garantie
   a) Vrai
   b) Faux

22) En cas de différence entre le montant en lettres et le montant en chiffres, le montant en chiffres est retenu par le guichetier
   a) Vrai
   b) Faux

23) Un chèque pré barré n'est pas endossable
   a) Vrai
   b) faux

24) Un chèque non barré n'est pas endossable
   a) Vrai
   b) Faux

25) Le chèque comporte :
   a) 6 mentions obligatoires
   b) 8 mentions obligatoires
   c) 5 mentions obligatoires

26) Citez les mentions obligatoires d'un chèque

27) Citez les mentions facultatives d'un chèque

28) Citez les délais de présentation d'un chèque sur place et hors place
29) La seule signature de l'endos du chèque vaut endossement
   a) Vrai
   b) faux
30) Pour le paiement d'un chèque, le banquier est astreint à la confirmation téléphonique
   a) Vrai
   b) Faux
31) Parmi les garanties de chèque on peut retenir :
   a) La caution
   b) Le visa
   c) La certification
   d) La solidarité

32) Avant tout paiement d'un chèque, le guichetier doit s'assurer :
   a) De la disponibilité des fonds
   b) Que le chèque est sous opposition
   c) Que le chèque est barré

33) Avant tout paiement en faveur d'un tiers, le guichetier doit :
   a) Vérifier l'identité du bénéficiaire ;
   b) S'assurer de la régularité du chèque (mentions obligatoires, délai de validité, absence d'opposition, absence de barrement) ;
   c) S'assurer de l'identité des endosseurs et endossataires ; et
   d) La disponibilité des fonds.
   e) Au moment du paiement, le client doit signer en bas de la mention « pour acquit »
   f) Tous les points mentionnés
34) Un chèque encaissé par l'intermédiaire de la banque, le sort est connu sous :
   a) 48 heures
   b) 72 heures
   c) 24 heures
35) En absence de provision, le chèque est :
   a) Remis au bénéficiaire selon l'article 100 du R15
   b) Remis à la banque centrale selon l'article 110 du R15
   c) Rejeté selon l'article 115 du R15
36) Les cas de décès et d'incapacité après l'émission du chèque peuvent entrainer une opposition au chèque

a) Vrai
b) Faux

37) Quatre (04) motifs sont valables pour faire une opposition au chèque :
a) Perte
b) Vol
c) oubli
d) Fraude
e) Sans provision
f) Procédure collective

38) Le chèque peut être payé partiellement à concurrence de la provision
a) Vrai
b) Faux

39) Un chèque sans provision non régularisé dans les 30 jours amène à :
a) Une lettre d'avertissement
b) Une lettre valant interdit bancaire pendant 5 ans
c) Paiement de 10% de pénalité libératoire au profit du Trésor Public pour lever l'interdiction bancaire
d) Tous les points mentionnés.

40) En matière de chèque, des sanctions pénales sont également prévues (falsification, contrefaction, etc.)
a) Vrai
b) Faux

41) La traite est une monnaie :
a) Divisionnaire
b) Fiduciaire
c) Scripturale

42) La traite fait intervenir 3 personnes :
a) Le tiré
b) Le trieur
c) Le tireur
d) Le guichetier
e) Le bénéficiaire

43) Quelles sont les mentions obligatoires de la lettre de change

44) En cas de différence entre le montant en chiffres et le montant en lettres, le montant en chiffres prédomine
a) Vrai

b) faux

45) La lettre de change comprend :

a) 5 mentions obligatoires
b) 6 mentions obligatoires
c) 8 mentions obligatoires

46) La traite à vue doit être présentée au paiement dans un délai de :

a) 2 ans
b) 1 an
c) 6 mois

47) L'acceptation veut dire que :

a) Le tiré reconnaisse la provision et s'engage à payer l'effet à l'échéance
b) Le tireur reconnaisse la provision et s'engage à payer l'effet à l'échéance
c) Le bénéficiaire reconnaisse la provision et s'engage à payer l'effet à l'échéance

La simple signature à l'endos de la lettre de change vaut :

a) Endosseur
b) Endossataire
c) Endossement

48) Le porteur d'un effet a le droit d'agir individuellement et collectivement sans aucun ordre ni rang contre toutes ces personnes pour demander son paiement

a) Solidarité des signataires
b) Solidarité des débiteurs
c) Solidarité des payeurs

49) Le protêt est un acte authentique qui constate :

a) Le paiement
b) Le non-paiement
c) Le paiement partiel

50) En cas de perte ou de procédure collective, l'opposition au paiement de la traite n'est pas admise

a) Vrai
b) Faux

51) Le billet à ordre fait intervenir :

a) Le souscripteur
b) Le bénéficiaire
a) Le tiré

b) Le tireur

52) Dans le billet à ordre c'est le bénéficiaire qui prend l'initiative du paiement

a) Vrai

b) Faux

53) Contrairement à la traite, le BO est à la fois un acte commercial et un acte civil

a) Vrai

b) Faux

54) Le BO comporte :

a) 7 mentions obligatoires

a) 5 mentions obligatoires

b) 6 mentions obligatoires

55) Citez les mentions obligatoires du BO

56) Le souscripteur d'un billet à ordre n'est pas obligé de la même manière que l'accepteur d'une traite

a) Vrai

b) Faux

57) Dans la pratique, on distingue les cartes de retrait et les cartes de paiement

a) Vrai

b) Faux

58) Les cartes monétiques sont moins sécurisées que le chèque

a) Vrai

b) Faux

59) Lors de la délivrance de la carte, la banque ne transmet pas le code secret

a) Vrai

b) Faux

60) La validité de la carte est :

a) 2 ans

b) 3 ans

c) 1 an

d) 6 mois

61) Ces services sont offerts à titre gratuit dans la zone UEMOA :

a) Retrait au guichet de la banque

b) Paiement avec la carte

c) Retrait au guichet du confrère

62) Dans quels cas de figure fait-on une opposition au paiement d'une carte bancaire
   a) Perte
   b) Vol
   c) Fraude
   d) Procédures collectives
   e) Tous les points mentionnés
63) En matière d'infraction relative à la carte bancaire, le banquier doit d'abord consulter la centrale des incidents de paiement
   a) Vrai
   b) Faux
64) Le virement fait intervenir :
   a) Le donneur d'ordre
   b) Le bénéficiaire
   c) Le tireur
   d) Le tiré
65) Les dates de valeur pour le virement sont :
   a) J-1 pour le virement émis
   b) J+1 pour le virement reçu
   c) J-2 pour le virement émis
   d) J+2 pour le virement reçu
66) Les virements de compte à compte et les virements reçus sont facturés à la clientèle
   a) Vrai
   b) Faux
67) Quel est le but de la compensation interbancaire ???
68) Il existe deux grandes étapes de la compensation interbancaire : aller compensation et le retour compensation
   a) Vrai
   b) Faux
69) Toute personne justifiant d'un revenu régulier d'au moins 50.000 FCFA a droit à l'ouverture d'un compte
   a) Vrai
   b) Faux
70) En cas de refus de 3 banques successifs pour vous ouvrir un compte bancaire, la banque centrale ne peut désigner aucune banque d'office
   a) Vrai
   b) Faux

71) Pour un particulier salarié, quel type de compte convient :
   a) Compte chèque
   b) Compté étranger
   c) Compte commercial
   d) Compte épargne
72) Pour un commerçant, quel type de compte convient :
   a) Compte joint
   b) Compte étranger
   c) Compte commercial
73) Une créance inscrite sur le compte commercial subit le principe de la novation en devenant un simple article de ce compte
   a) Vrai
   b) Faux
74) Le montant maximum des avoirs en comptes et livrets d'épargne est fixé par une limite de placement d'un plafond de 10 millions de francs CFA par les personnes physiques
   a) Vrai
   b) Faux
75) Les plans épargnes ne donnent pas droit au bénéfice d'un crédit à l'issue de la période de placement convenue
   a) Vrai
   b) Faux
76) Les DAT concernent uniquement les sociétés
   a) Vrai
   b) Faux
77) Le compte joint désigne obligatoirement des personnes en couple
   a) Vrai
   b) Faux
78) La validité d'un compte intérieur en devise est de :
   a) 1 an
   b) 2 ans
   c) 3 ans
79) La validité d'un compte étranger est de :
   a) 1 an
   b) 2 ans
   c) 3 ans
80) Dans une opération d'ouverture de compte, le guichetier doit :
   a) Vérifier uniquement l'identité du client
   b) Remplir uniquement la fiche KYC

c) S'assurer uniquement de la capacité juridique du client
d) Le tout

81) La saisie attribution permet de rendre inactif les sommes détenues par un tiers
a) Vrai
b) Faux

82) L'avis à tiers détenteur permet au fisc de récupérer leurs créances impayées
a) Vrai
b) Faux

83) Les produits de la télématique sont :
a) Internet
b) Monétique
c) Assurance

84) Une offre packagée ne correspond pas du tout à la vente croisée de plusieurs produits
a) Vrai
b) Faux

85) Les opérations de retraits/versement ont pour date de valeur :
a) J-1
b) J+1
c) J

Chapitre II

La gestion des opérations bancaires de caisse

Dans ce second chapitre, il sera question du traitement des opérations courantes de caisse au sein d'une agence bancaire. Bien entendu, on ne doit pas perdre de vue la forte corrélation toujours existante entre le guichetier et son caissier.

De façon chronologique, les points suivants seront abordés :

- ☞ Les techniques de gestion courantes d'une caisse
- ☞ La maîtrise des techniques de gestion du service de caisse
- ☞ Le contrôle de gestion d'une caisse intégrale et,
- ☞ L'énoncé des procédures de gestion de la caisse

I. Les techniques de gestion courantes d'une caisse

1. La fonction de guichetier payeur

Le guichetier payeur exerce généralement son activité au sein d'une agence bancaire (guichet accueil des agences bancaires) dont les horaires d'ouverture et de fermeture sont réguliers. Ses missions consistent à s'occuper essentiellement de toutes les opérations de banque en l'occurrence la vérification des transactions bancaires (virements, mises à disposition, etc.) ; la prestation de service à la clientèle (accueil, information, orientation, conseil) ; la prise en charge des opérations de caisse (retraits/versements ; chèques, etc.) ; la vente des produits et services bancaires et financiers (produits bancaires classiques ; produits d'assurance ; produits financiers ou titres) ; et enfin rendre des comptes à la hiérarchie.

De ces missions, il est opportun de mettre en relief les principales activités d'un guichetier payeur, ses compétences et le niveau de responsabilité.

1.1.Les activités principales du guichetier payeur

Parmi les principales activités des guichetiers payeurs, on peut noter :

- La réception des clients et l'analyse de leurs demandes (administration de compte ; achat/vente de devises ; informations ; etc.)
- L'analyse des mouvements sur opérations courantes, opérations boursières avec des documents justificatifs
- La vente aux clients et prospects des produits/services (placements, assurance vie, etc.) en fonction de leurs épargnes, de leurs salaires et projets
- Le traitement en front office des opérations bancaires (ouvertures de comptes, virements, remises de chèque, effets et valeurs, mises à disposition, etc.)
- Planification des entretiens pour les chargés de clientèle
- La mise à disposition des informations sur la banque à distance[32] (banque en ligne, monétique, banque mobile)
- Le tri des documents administratifs et produits (cartes bancaires, chéquiers, lettres, etc.)

---

[32] Voir supra au niveau de l'introduction.

- ☞ L'analyse chiffrée des besoins d'approvisionnement de la caisse en valeurs (billets et pièces) et l'appel de fonds. Les cessions de fonds en sens inverse.
- ☞ Le comptage de la caisse (pointage et rapprochement) en vue de repérer les éventuels écarts pour les modifier
- ☞ L'achat et la vente des devises en fonction d'un taux négocié, et des traveller's chèques avec les clients.

1.2.Les compétences requises

Les compétences requises (savoir-faire) en rapport avec la fonction de guichetier sont les suivantes :

- ☞ La maîtrise des principes de techniques bancaires[33]
- ☞ La maîtrise des principes de la relation client
- ☞ Une parfaite connaissance des procédures d'encaissement, d'administration de comptes, et de transfert des devises
- ☞ Une bonne connaissance de la règlementation bancaire
- ☞ La maîtrise des techniques de vente et de négociation
- ☞ Une bonne culture de risques
- ☞ Connaissance des règles et consignes de sécurité.

Au-delà de ces compétences, le guichetier étant en relation constante avec la clientèle, doit être en mesure de conseiller et de faciliter les opérations courantes. Pour ce faire, il doit, en plus de son diplôme (savoir) et de ses compétences (savoir-faire), un comportement adéquat (savoir être). A ce titre, il doit posséder le sens de la diplomatie, de l'accueil, de l'organisation, de la communication et du contact, de la rigueur, de la patience, et d'une grande capacité d'adaptation.

1.3.Le niveau de responsabilité[34]

Le métier de guichetier payeur est accessible à partir d'un niveau bac à bac +2 en banque assurance, économie, gestion et formation similaire. Le niveau de responsabilité est très important car le guichet est la vitrine de la banque c'est à dire le premier contact clientèle au sein d'une agence bancaire. Son image doit être soignée et orientée vers la culture d'entreprise de la banque (gestion des risques inhérents).

---

[33] Tidiani Sidibé, la pratique de l'activité bancaire et financière en zone Uemoa, l'Harmattan, avril 2016, Paris.

[34] Voir supra au niveau de la partie guichetier.

Le guichetier peut évoluer vers le niveau de responsable de guichet et encadrer ainsi une équipe chargée de l'accueil et des opérations de caisse (mouvements courants avec la clientèle). Par la suite, il peut accéder à des postes de conseiller clientèle ou conseiller financier.

2. Mouvements courants avec la clientèle

Par mouvements courants avec la clientèle, on peut penser automatiquement aux opérations de versements/retraits ainsi que les précautions et vérifications d'usage qui s'y ajoutent.

2.1.Les versements et les retraits, les échanges

Parmi la palette d'opérations mise à la disposition du client figure en premier plan les opérations en espèces. Ces opérations se présentent sous forme de versements, retraits et mise à disposition. Elles ont le mérite de la simplicité.

En vertu des dispositions de l'article 30 relatif à la fixation des dates de valeur de la décision N°397/12/2010 portant règles, instruments et procédures de mise en œuvre de la politique de la monnaie et du crédit de la BCEAO, la date de valeur des versements et retraits d'espèces est le jour « j » de l'opération.

Les versements :

Les opérations de versement peuvent être effectuées par le signataire du compte et toutes autres personnes physiques ou morales, pourvu qu'elles fournissent les documents qui attestent et justifient leurs identités. Toutefois, dans le cadre de la lutte contre le blanchiment de capitaux, la banque doit contrôler de près les versements effectués par des tiers.
Les versements peuvent se faire dans n'importe quelle agence de la banque (versement espèce sur place et versement espèce déplacé).

Un bordereau de versement espèce est fourni à la personne qui l'effectue. Ce bordereau comporte le nom du titulaire, le numéro de compte ainsi que le nom et la signature de la personne.

Les dépôts d'espèces au guichet sont offerts à titres gratuit suite à une décision de la BCEAO.

☞ **Comptabilisation**

Les écritures comptables sont générées automatiquement dans le système :

Débit	Crédit
10111……… Caisse X	2511……… Ou 2531 Compte du client

Les retraits :

Les opérations de retraits sont strictement contrôlées par la banque car seuls le(s) signataire(s) du compte et/ou son (ses) mandataire(s) en sont habilités.

Les retraits peuvent être effectués au moyen de chèque de guichet, de chèque ordinaire, ou de tout autre support crée à cet effet. Le guichetier doit s'assurer de la conformité du spécimen de signataire, de la régularité du chèque (Cf. infra opération de chèque), de la personne qui effectue le retrait, et de l'existence de la provision.

Les retraits peuvent se faire dans le réseau de la banque domiciliataire du compte (retrait espèce sur place, retrait espèce déplacé). Ils peuvent également se faire par cartes monétiques dont les capacités varient d'un produit à un autre et d'une banque à une autre (voir Cf. infra cartes monétiques).

Les retraits d'espèces au guichet à l'exception des opérations par chèque de guichet sont offerts à titres gratuit suite à une décision de la BCEAO.

☞ **Comptabilisation retrait en espèce**

Les écritures comptables sont générées automatiquement dans le système :

Débit	Crédit
2511………. Ou 2531 Compte du client	10111…….. Caisse X

☞ **Comptabilisation retrait par chèque de guichet**

Les écritures comptables sont générées automatiquement dans le système :

Débit	Crédit
2511………. Ou 2531 Compte du client	708192…….. Commission/chèques de guichet 332112………. TAF/chèques de guichet

La mise à disposition :
Un client en déplacement peut utiliser un ordre de mise à disposition en sa faveur ou au profit d'une autre personne. Cela suppose très souvent que les autres supports de retraits (chèque, cartes, traveller's cheque) ne sont pas à la disposition du client.

En exécutant l'ordre, la banque envoie les fonds dans une autre agence ou chez un correspondant. Son compte est aussitôt débité du montant ainsi que des frais et accessoires.

Au moment du retrait des fonds, l'agence ou le correspondant doit procéder à la vérification des conditions stipulées sur l'ordre et l'identité de la personne (carte d'identité et spécimen de signature).

☞ **Comptabilisation**

Débit	Crédit
2511………. Ou 2531 Compte du client	702919…….. Commission/mise à disposition 332112………. TAF/mise à disposition

2.2.Ce qu'il faut faire lors d'un encaissement, ce qu'il faut faire lors d'un décaissement

Les versements :

Toute opération inhabituelle de versement espèces supérieure à 10 millions de francs CFA doit être consignée dans le registre des opérations en espèces importantes conformément aux procédures de blanchiment des capitaux.

Le client remplit le bordereau de versement (ou fiche de versement selon les banques) en spécifiant ses noms et prénoms (il peut ne pas être le titulaire du compte) ; le numéro du compte bénéficiaire du versement ; le nom du titulaire du compte ; le billetage du versement ; et signe le bordereau de versement.
Le guichetier payeur qui réceptionne le bordereau de versement doit s'assurer de l'identité du déposant et de la conformité du billetage ainsi que le montant.

Ensuite, le caissier qui réceptionne les espèces doit s'assurer de la qualité des billets en utilisant le détecteur de faux billet mis à sa disposition par la banque comme outil de travail. Ce contrôle est effectué en présence du client.

En cas de faux billets dans les espèces reçues, le caissier informe le client et conserve ces faux billets. Toutefois, le client refait le bordereau de versement pour faire concorder les montants physiques et théoriques (rectification du billetage).

Le caissier établit deux attestations de rétention de faux billets conformément à la règlementaire des moyens de paiement en spécifiant le nombre de faux billets ; la nature des faux billets ; et le numéro des faux billets. Il doit inscrire la mention « FAUX » en gros caractère sur les billets et les remet au caissier principal ou chef d'agence ainsi que les faux billets physiques pour les conserver dans le classeur FAUX BILLET dédié.

En clair, le guichetier ainsi que le caissier doivent, en fonction de leur profil sur le système d'information bancaire, pour chacun en ce qui le concerne, faire les diligences nécessaires. En fin de journée, ils doivent faire le pointage des opérations effectuées et remonter les éventuels anomalies et/ou erreurs.

Figure 3 : Exemple de bordereau de versement

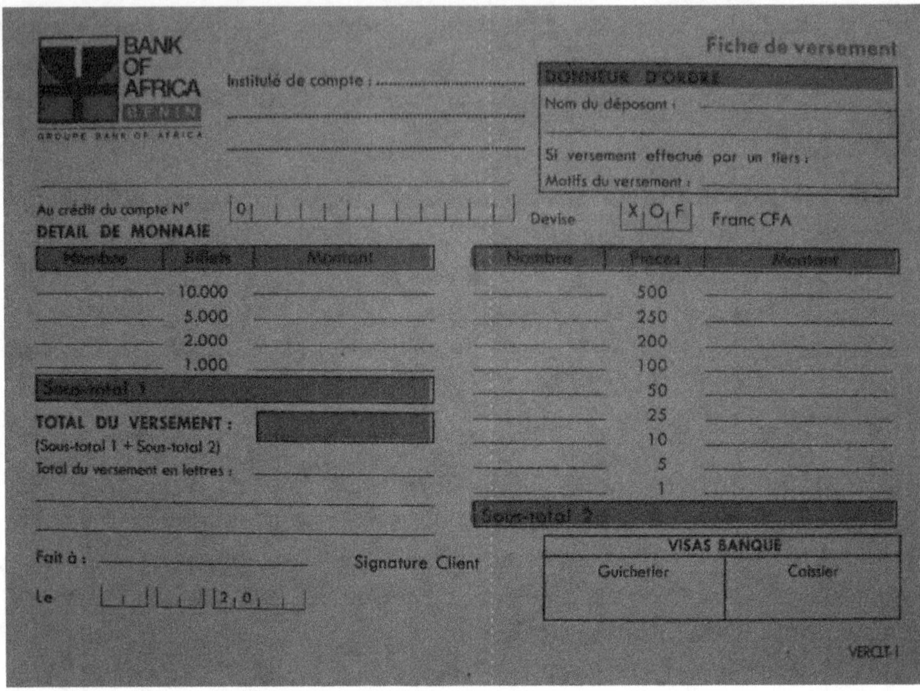
BANK OF AFRICA
BENIN
GROUPE BANK OF AFRICA

Fiche de versement

Intitulé de compte :

DONNEUR D'ORDRE
Nom du déposant :
Si versement effectué par un tiers :
Motifs du versement :

Au crédit du compte N° 0
Devise XOF Franc CFA

DETAIL DE MONNAIE

Nombre	Billets	Montant
	10.000	
	5.000	
	2.000	
	1.000	
Sous-total 1		

Nombre	Pièces	Montant
	500	
	250	
	200	
	100	
	50	
	25	
	10	
	5	
	1	
Sous-total 2		

TOTAL DU VERSEMENT :
(Sous-total 1 + Sous-total 2)
Total du versement en lettres :

Fait à :
Signature Client
Le 20

VISAS BANQUE
Guichetier
Caissier

VERCLT-I

Source : BOA Benin

Tableau 1 : Modèle attestation de FAUX BILLET

Nous attestons par la présente avoir retenu les fausses coupures ci-après qui seront, comme le demande la réglementation, retournées à la Banque Centrale, pour être retirées de la circulation :

Monnaie	Valeur Unitaire	N° du billet	Observations éventuelles

Remis ce jour à nos guichets par

………………………………………………………………

<u>Le Caissier</u> <u>Le Client</u> <u>L'Audit Interne</u>

Les retraits :

Toute opération inhabituelle de retrait de chèque au porteur supérieure à 10 millions de francs CFA doit être consignée dans le registre des opérations en espèces importantes conformément aux procédures de blanchiment des capitaux en vigueur.

Les retraits d'espèces peuvent se faire au moyen de chèque de guichet[35] ou de chèque non barré endossable. Pour le cas de chèque pré barré non endossable, il faut impérativement faire une remise sur le compte. L'encaissement de ce type de chèque se fait par l'intermédiaire d'une banque.

Le client présente son chèque non barré au guichetier. Ce dernier s'assure de la régularité[36] de ce chèque (mentions obligatoires, absence d'opposition, absence de barrement et délai de validité). Concrètement, le guichetier vérifie la conformité du spécimen de signataire ; la validité du chèque (3 ans et 8 jours) ; la régularité de la suite des endossements ; la concordance entre les montants en chiffre et en lettre (si différent c'est le montant en lettre qui est pris en compte) ; l'absence d'opposition ; et l'identité du bénéficiaire (pièce d'identité valable). Ensuite, le chèque du client passe chez son gestionnaire de compte pour visa.

Le caissier pour sa part remet les fonds aux clients conformément aux billetages en contrepartie de la signature sur la mention « pour acquis » sise à l'endos du chèque. Il demande au client ou au bénéficiaire de procéder à la reconnaissance des fonds avant de quitter le guichet.

---

[35] Ces chèques sont internes à la banque et mis à la disposition des clients n'ayant pas leurs chéquiers en leur possession. Le chèque de guichet est exclusivement réservé au titulaire du compte.

[36] Voir partie chèque. Un traitement en détail y est réservé.

En fin de journée, le guichetier et le caissier doivent faire ensemble les travaux de pointage. Les anomalies et éventuelles erreurs sont constatées et portées à la connaissance du chef d'agence.

Figure 4 : Exemple de bordereau de retrait espèces

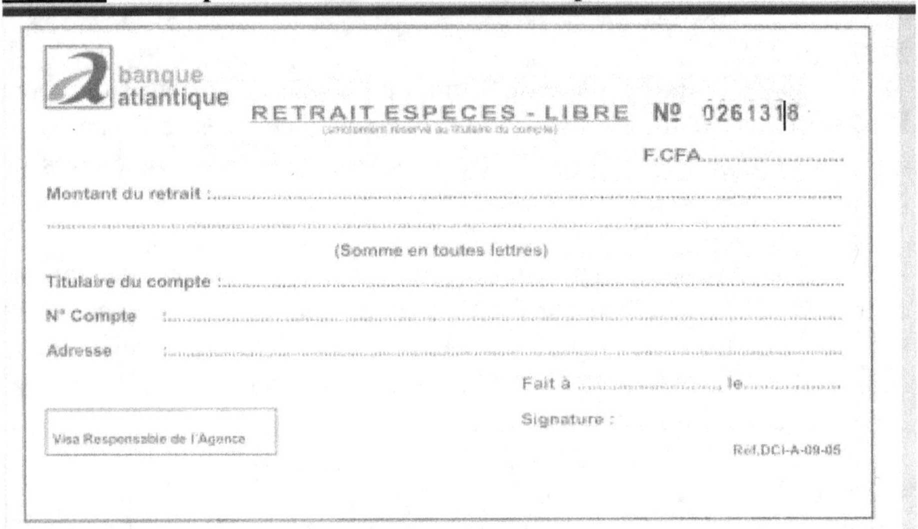
banque atlantique

RETRAIT ESPECES - LIBRE Nº 0261318

F.CFA..........................

Montant du retrait :..

....

(Somme en toutes lettres)

Titulaire du compte :..

N° Compte :..

Adresse :..

Fait à .... le..................

Signature :

Visa Responsable de l'Agence

Ref.DCI-A-09-05

Source : Banque Atlantique Côte d'Ivoire.

3. Mouvements inter caisse

Les mouvements inter caisse sont relatifs à la gestion des opérations d'approvisionnements ou de cessions des fonds entre la caisse principale et les caisses secondaires (ou auxiliaires).

3.1. Les approvisionnements (retraits)

Il s'agit des retraits au niveau de la caisse principale. Ils peuvent être faits sur l'initiative du caissier secondaire pour faire face à une opération de retrait ponctuel de gros montant ou lorsque son niveau d'encaisse est faible.

Aussi, les approvisionnements peuvent également être effectués sur l'initiative du caissier principal qui dispose d'un tableau de bord pour la gestion des caisses secondaires. Ainsi, ce dernier décidera de réapprovisionner les caisses dont les encaisses sont jugées trop faibles.

Concrètement, le schéma comptable est le suivant :

DEBIT	CREDIT
10XXXX Espèce en Route	101XXXX Caisse Principale

Sens des opérations : la caisse principale diminue au crédit et augmente au débit. L'espèce en route augmente au débit et diminue au crédit.

Un bordereau de transfert inter-caisse en deux (2) exemplaires est établi à cet effet entre le caissier principal et le caissier secondaire pour matérialiser l'opération.

Le caissier fait le recomptage des billets et pièces reçus, s'il pense que le montant recompté est conforme au détail sur le bordereau, il signe le bordereau et y appose le cachet ''reçu'', il garde par la suite la copie du bordereau et remet l'original au caissier principal qui le classe dans sa journée comptable.

Après la reconnaissance des fonds le caissier secondaire saisit la réception des fonds à travers le schéma comptable ci – après :

DEBIT	CREDIT
10XXXX Caisse secondaire Z	10XXXX Espèce en route

Sens des opérations : la caisse secondaire augmente au débit et diminue au crédit. Inversement pour l'espèce en route.

3.2.Les cessions de fonds (versements)

Les cessions de fonds sont appelées également les versements vers la caisse principale. Elles peuvent être opérées sur l'initiative du caissier secondaire quand son encaisse dépasse la limite autorisée (plafond d'encaisse). Aussi, le caissier principal peut également demander au caissier secondaire de lui céder les fonds après examen de son plafond d'encaisse.

Dans la pratique, le schéma comptable est le suivant :

DEBIT	CREDIT
101XXX Caisse Principale	10XXXX Espèce en route

Un bordereau de versement est établi en deux (2) exemplaires, le caissier principal y appose le cachet « payé », signe le bordereau et le remet au caissier secondaire qui le contre signe à son tour.

Après la signature, le caissier principal remet la copie du bordereau au caissier secondaire et conserve l'original dans sa journée comptable.

Le caissier secondaire constate la sortie de fonds par le schéma comptable suivante :

DEBIT	CREDIT
10XXXX Espèce en Route	101XXXX Caisse secondaire Z

3.3. Manquant et excédent de caisse

Lorsque le montant de l'erreur de caisse dépasse un certain montant (30 000 FCFA par exemple), le caissier principal doit demander une explication au caissier en faute avec ampliation au chef d'agence et le département d'audit interne et établit dans la foulée un procès-verbal constatant cet écart.

Avant l'apurement de ce manquant ou excédent, les écritures comptables suivantes sont passées sur la caisse secondaire en cause :

Excédant

Débit	Crédit
10XXXXX Caisse secondaire	3792XXXX Excédent de caisse

Manquant

Débit	Crédit
3791XXXXManquant de caisse	10XXXX Caisse secondaire

Ces écritures doivent avoir un caractère temporaire car elles doivent être apurées. Le département de l'audit interne doit veiller à ce qu'elles soient extournées. Il est donc important de surveiller la tenue du livre de caisse.

3.4.Rappel de la tenue d'un livre de caisse

Le caissier est astreint à l'obligation de la tenue d'un livre de caisse ou journal de caisse à la fin de chaque journée de travail. Pour ce faire, il doit procéder au comptage des espèces en caisse en dénombrant les billets et les pièces un à un. Le détail journalier de son encaisse est reporté sur le livre de décomposition (billets, pièces). Le livre de caisse doit être validé par le caissier principal et le chef d'agence.

Par ailleurs, le caissier doit tenir des registres de caisse conformément aux procédures de lutte contre le blanchiment de capitaux et le financement du terrorisme (LCBFT). Il s'agit des registres suivants : le registre des opérations suspectes et atypiques ; le registre des clients occasionnels pour toute opération supérieure à 5 millions FCFA ; et le registre des paiements en espèce supérieur à 10 millions FCFA.

La lutte contre le blanchiment de capitaux et le financement du terrorisme est régie dans la zone Uemoa par les textes règlementaires suivants :

- Directive N° 02/2015/CM/UEMOA relative à la lutte contre le blanchiment de capitaux et le financement du terrorisme dans les Etats membres de l'UEMOA
- Directive N° 07/2002/CM/UEMOA relative à la lutte contre le blanchiment de capitaux dans les Etats membres de l'UEMOA
- Loi uniforme relative à la lutte contre le blanchiment de capitaux dans les Etats membres de l'Union Economique et Monétaire Ouest Africaine (UEMOA)

• Décret-cadre portant création, organisation et fonctionnement d'une cellule nationale de traitement des informations financières
• Règlement n° 14/2002/CM/UEMOA relatif au gel des fonds et autres ressources financières dans le cadre de la lutte contre le financement du terrorisme dans les Etats membres de l'Union Economique et Monétaire Ouest Africaine (UEMOA)
• Décision n° 06/2003/CM/UEMOA relative à la liste des personnes, entités ou organismes visés par le gel des fonds et autres ressources financières dans le cadre de la lutte contre le financement du terrorisme dans les Etats membres de l'Union Economique et Monétaire Ouest Africaine (UEMOA)
• Décision N° 04/2004/CM/UEMOA portant modification de la Décision N° 06/2003/CM/UEMOA du 26 juin 2003 relative à la liste des personnes, entités ou organismes visés par le gel des fonds et autres ressources financières, dans le cadre de la lutte contre le financement du terrorisme dans les Etats membres de l'UEMOA, signée le 5 juillet 2004
• Directive N° 04/2007/CM/UEMOA du 4 juillet 2007, relative à la lutte contre le financement du terrorisme dans les Etats membres de l'UEMOA
• Instruction N°01/2007/RB du 2 juillet 2007 relative à la lutte contre le blanchiment de capitaux au sein des organismes financiers

4. Versement et retrait de fonds à la banque centrale

Le réapprovisionnement de la caisse principale est déclenché en fonction des prévisions de paiement ou d'approvisionnement des agences ou lorsque les fonds disponibles sont inférieurs à la limite de l'encaisse moyenne journalière[37].

[37] Elle est calculée sur la base des habitudes moyennes de retrait en tenant compte des périodes de pic (fin de mois, fêtes, etc.) afin de faire face aux demandes de retrait de la clientèle. La gestion de cette encaisse centrale est importante pour éviter toute situation de ruée bancaire (panique bancaire occasionnée par des retraits massifs aux guichets bancaires à travers un effet domino à caractère systémique). C'est à travers la loi des grands nombres que la banque arrive à faire face aux retraits journaliers sur ses guichets sinon sa trésorerie ne pourrait pas soutenir une situation dans laquelle tout le monde se présenterait à la fois pour retirer leurs sous. Tout le fondement de la théorie bancaire réside dans la confiance.

4.1.Retrait de fonds auprès de la Banque Centrale

Lorsque le solde de la caisse principale est inférieur au minimum requis, ou lorsqu'un client prévient la banque à l'avance d'un retrait important et selon les disponibilités à la Banque Centrale, le caissier principal procède en accord avec le Trésorier de la banque à un réapprovisionnement auprès de la banque centrale selon processus suivant :

4.1.1. La veille du retrait

Le caissier principal, prévient par mail ou au téléphone le trésorier de la banque du besoin de réapprovisionnement de sa caisse principale. Il remplit la fiche de retrait (formulaire fourni par la Banque Centrale). Il la fait signer par les signataires autorisés de la banque en tenant compte des limites de signature déposées à la Banque Centrale. Une fois signée, il adresse une copie à la Direction des Opérations pour le traitement de la réservation via RTGS (Real Time Gross Settlement – Règlement en temps réel des gros flux) ou STAR[38] Uemoa (Système de Transfert Automatisé et de Règlement) depuis 2004. Il Récupère une copie du Swift de réservation.

---

[38] Depuis 2004, le transfert dans la zone UEMOA est assuré par le module STAR-UEMOA (système régional de règlement brut en temps réel des transactions d'importance systémique) pour les gros montants généralement supérieur à 50 millions de francs CFA. Il est connecté via le réseau SWIFT de la Banque Centrale (Society for Worldwide Interbank Financial Telecommunication) utilisé par la majorité des banques et institutions financières un peu partout dans le monde.

<u>Tableau 2</u> : Formulaire de retrait d'espèce de la BCEAO

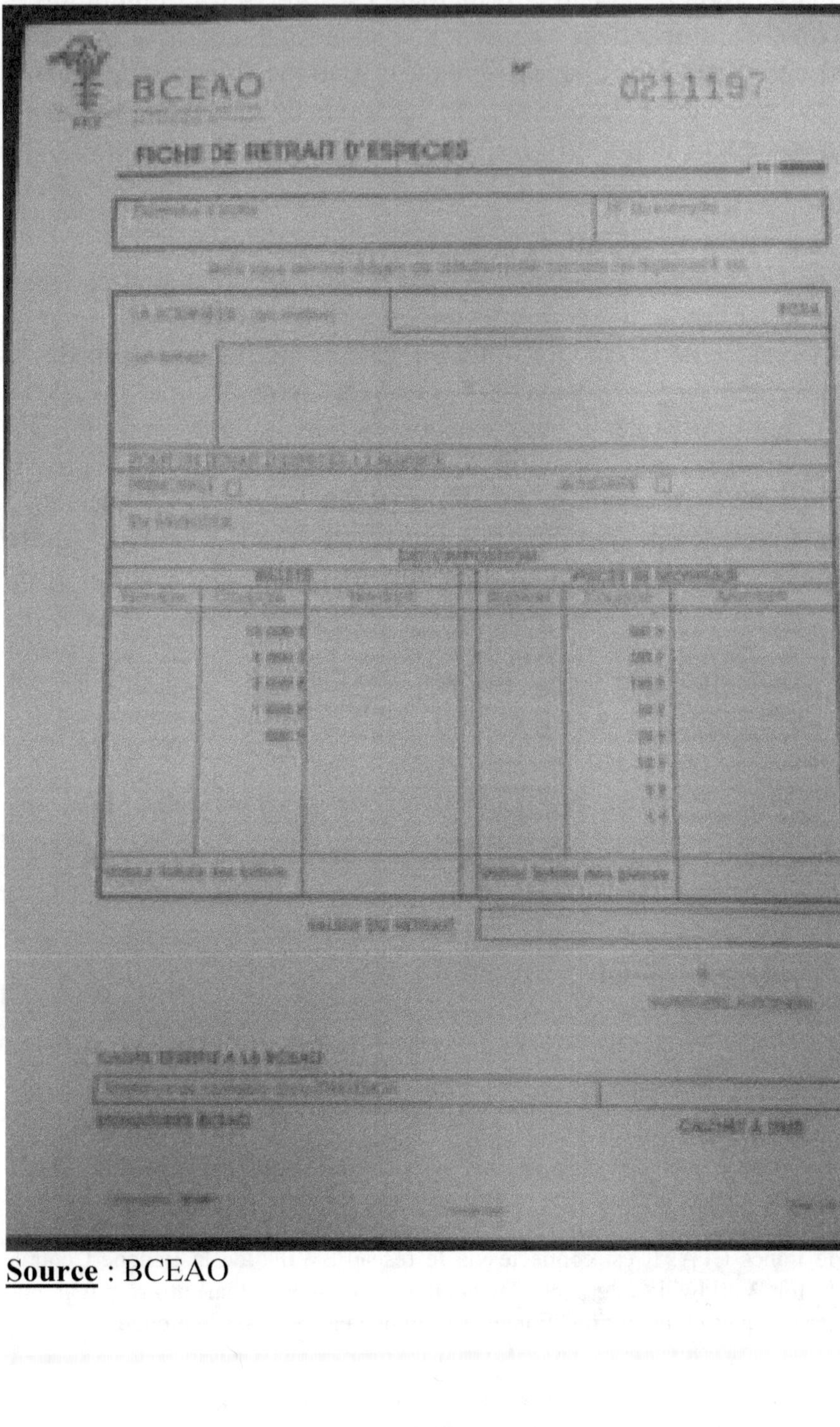
BCEAO

N° 0211197

FICHE DE RETRAIT D'ESPECES

<u>**Source**</u> : BCEAO

4.1.2. Le jour du retrait

Il se présente au guichet de la banque centrale munit de la fiche de retrait accompagné de la copie Swift (RTGS). L'agent commis au retrait, prévient la société de convoyage de fonds. La Banque Centrale procède aux vérifications d'usage et passent les écritures de retrait. Une fois servi, l'agent commis au retrait procède à la reconnaissance des fonds en présence du guichetier payeur de la Banque Centrale, ensuite procède au conditionnement des fonds dans le ou les sacs spéciaux prévus à cet effet, scelle le sac. Il remet les fonds à la société de convoyage des fonds qui remplit un bordereau de prise en charge des fonds, en mentionnant les numéros de scellés et les montants, marque l'heure effective de prise en charge et remet une copie à l'agent de la banque. L'agent se rend à la banque pour attendre la livraison des fonds par la société de convoyage. A la réception des fonds de la société de convoyage, l'agent de la banque décharge le bordereau de transfert de fonds de la société de convoyage, vérifie le bon état des scellés, remet tous les documents au caissier principal qui procède à la vérification physique des fonds en recomptant pour s'assurer qu'ils correspondent bien au montant inscrit sur le bordereau.

A partir du bordereau de retrait, le caissier principal passe les écritures comptables suivantes sont générées :

En cas d'utilisation des services d'un convoyeur de fonds

DEBIT	CREDIT
10XXX Espèce en Route	1XXXX Liaison inter département

DEBIT	CREDIT
101XXX Caisse Principale	10XXXX Espèce en Route

DEBIT	CREDIT
1XXXX Liaison Inter Département	111XXX Banque Centrale

En cas de convoyage des fonds par la banque elle-même

Dans ce cas le compte « Espèce en Route » n'est pas utilisé, les écritures suivantes sont alors comptabilisées :

DEBIT	CREDIT
101XXX Caisse Principale	1XXXX Liaison Inter Département

DEBIT	CREDIT
1XXXXX Liaison Inter Département	111XXX Banque Centrale

4.2.Versement à la Banque Centrale

Les versements à la Banque Centrale (BCEAO) interviennent lorsque la Banque dispose d'encaisses jugées excessives, notamment par rapport à sa couverture de la globale d'assurance[39].

Le caissier principal prévient le trésorier de la banque la veille après les arrêtés (dans un souci de gestion de la liquidité de la banque) du versement. Il remplit à cet effet le bordereau de versements (formulaire fourni par la Banque Centrale, voir ci-dessous) et le fait signé par les signataires autorisés. Après le tri et la mise en sacs (scellés), il remet les fonds à l'agent commis au versement à la Banque Centrale.

[39] Il s'agit d'une police d'assurance souscrite annuellement par les banques commerciales pour assurer leurs plafonds d'encaisse globale contre des sinistres de diverses natures (vols, pertes, etc.). L'encaisse globale d'une banque correspond à la somme arithmétique des encaisses de l'ensemble des caisses principales de son réseau d'agence/bureau/point de vente y compris l'agence principale.

Tableau 3 : **Formulaire de versement d'espèce à la BCEAO**

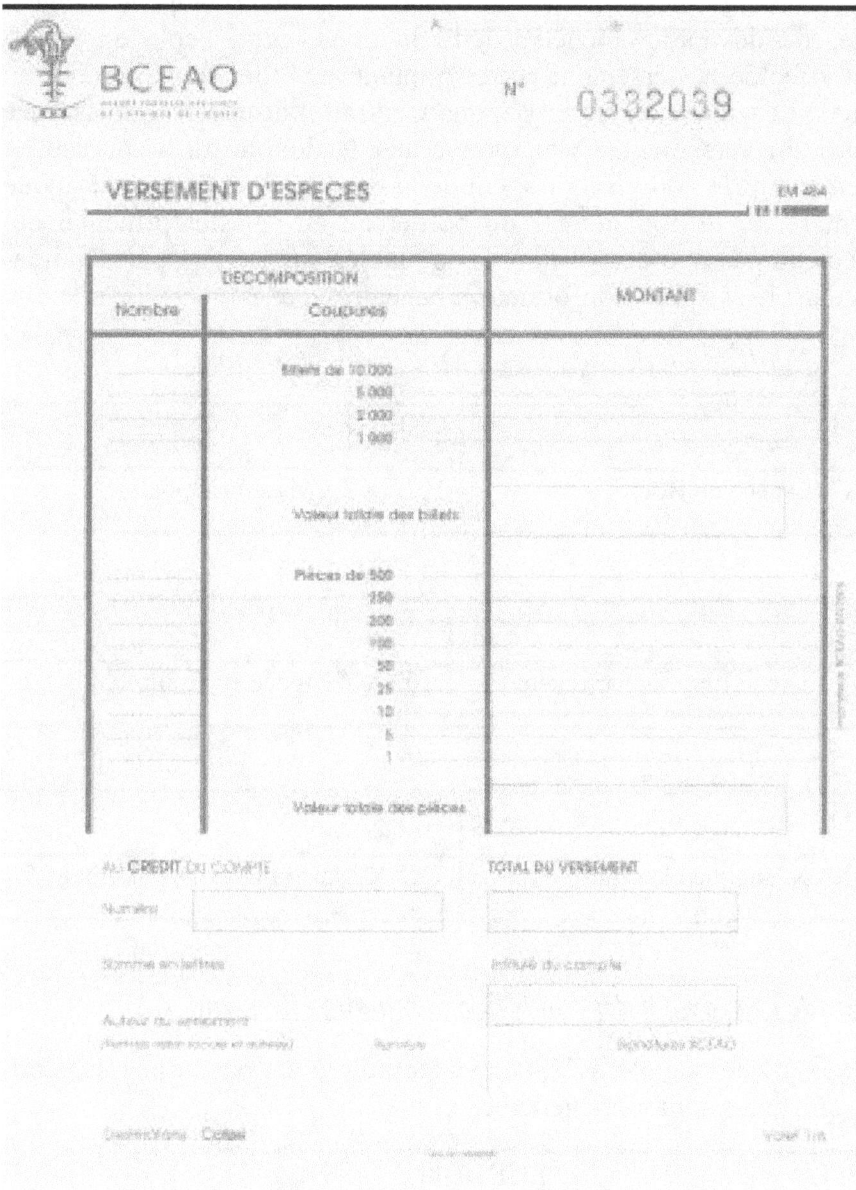
BCEAO

N° 0332039

VERSEMENT D'ESPECES

DECOMPOSITION		MONTANT
Nombre	Coupures	
	Billets de 10 000	
	5 000	
	2 000	
	1 000	
	Valeur totale des billets	
	Pièces de 500	
	250	
	200	
	100	
	50	
	25	
	10	
	5	
	1	
	Valeur totale des pièces	

AU CREDIT DU COMPTE

Numéro

Somme en lettres

Auteur du versement

Signature

TOTAL DU VERSEMENT

Intitulé du compte

Signature BCEAO

Destinataire : Caisse

Source : BCEAO

Les fonds sont transmis aux convoyeurs de fonds contre décharge du bordereau de prise en charge. L'agent se rend dans les locaux de la

Banque Centrale avec le bordereau de versement signé. Il réceptionne contre décharge du bordereau de transmission du convoyeur. L'agent se présente devant le guichetier de la Banque Centrale, enlève les scellés et effectue le versement en recomptant les billets conditionnés en paquets. Le guichetier de la Banque Centrale fait une reconnaissance en bloc du versement. Ce dernier remet le double du bordereau de versement après son visa à l'agent de la banque. Une fois à la Banque l'agent remet le double visé du bordereau au caissier principal qui procède au passage des écritures comptables suivantes via des validations dans le système d'information bancaire.

En cas d'utilisation des services d'un convoyeur de fonds

DEBIT	CREDIT
10XXX Espèce en Route	101XXX Caisse Principale

DEBIT	CREDIT
1XXX Liaison Inter Département	10XXX Espèce en Route

DEBIT	CREDIT
1111XXX Banque Centrale	1XXX Liaison Inter Département

En cas de convoyage des fonds par la banque elle-même

Dans ce cas le compte « Espèce en Route » n'est pas utilisé, les écritures suivantes sont alors générées :

DEBIT	CREDIT
111XXX	1XXX Liaison Inter Département

DEBIT	CREDIT
1XXXXXXX Liaison Inter Département	101XXXXXX Caisse Principale

Enfin, on voit bien que le caissier principal joue un rôle capital dans tous ces processus. Il serait alors opportun de rappeler le rôle et la tenue d'une caisse principale.

5. Rappel du rôle et de la tenue d'une caisse principale

Le caissier principal dans une banque commerciale organise toutes les caisses principales et caisses secondaires en procédant à la gestion des encaisses (nivellement vers caisses ou alimentation par les caisses), à la consultation régulière, à l'ajustage et à la fermeture des caisses en fin de journée.

Très généralement, un service y est dédié. Ainsi, le service gestion des caisses a pour mission d'assurer la supervision des opérations relatives à la tenue des caisses et d'optimiser gestion des encaisses au niveau du réseau d'agences.

5.1.Les mouvements courants avec la clientèle

Comme sus évoqué, les mouvements courants avec la clientèle ont bien évidemment trait avec les opérations de retraits et versements au guichet de la banque.

La caisse principale y joue un grand rôle à travers les approvisionnements et cession de fonds aux caisses secondaires. Par exemple, lorsqu'un gros client annonce un important retrait au guichet de la banque, le caissier principal est tenu de prendre toutes les dispositions idoines pour la satisfaction de ce client dans un temps record. En effet, dans ce cas d'espèce la banque encourt un sérieux risque de réputation en cas de lenteur ou de lourdeur administrative. Toutefois, les guichetiers et caissiers doivent se prémunir de toutes les précautions nécessaires pour sécuriser l'opération en question.

5.2.L'utilité d'un règlement du caissier

Le règlement du caissier permet à la banque d'enregistrer toutes les opérations d'un client donné. Ce qui permet à la banque de pouvoir éditer le relevé de compte de ce client à une période déterminée. C'est ces relevés qui portent toutes les traces des transactions passées entre la banque via le caissier et ses différents clients.

Par ailleurs, dans le cadre de la LBCFT, les banques ont le devoir d'obligation de vigilance[40]. En effet, Les agents (notamment guichetiers, caissiers, gestionnaires de comptes) en contact avec les clients actuels ou potentiels (déposants, bénéficiaires de concours ou de tout autre service) doivent singulièrement redoubler de vigilance sur l'identité, l'adresse, et les mouvements de compte en matière de dépôts ou de retrait d'espèces, de virements, de remise de chèque à l'encaissement, de mise à disposition, de transfert, etc. La vigilance portera plus spécifiquement sur l'origine des fonds, l'identité du bénéficiaire, du remettant, du tireur, du donneur d'ordre dès lors que les montants en cause apparaissent hors de proportion ou sans relation avec l'activité et les revenus de la personne ou les recettes de l'exploitation.

5.3.Les mouvements inter caisse

Les mouvements inter caisse concernent les transferts inter caisse entre la caisse principale du siège et les caisses secondaires de tout le réseau. Il s'agit du nivellement par la caisse principale en faveur des caisses secondaires (cas de déficit) ou de l'alimentation de la caisse principale par les caisses secondaires (cas d'excédent). Dans ces deux types d'opérations, le service de gestion des caisses (caisse principale) joue également un rôle déterminant en ce sens que les mouvements en question impactent la qualité des prestations de service caisse au guichet de la banque. Au finish, ce qui est ressenti par le client, c'est le professionnalisme et la célérité des opérations (partie visible de l'iceberg).

C'est pourquoi tout banquier est astreint une double obligation : respect des règles et procédures et satisfaction clientèle.

---

[40] Directive N°02/2015/CM/UEMOA relative à la lutte contre le blanchiment de capitaux et le financement du terrorisme dans les Etats membres de l'Union Economique et Monétaire Ouest Africain (UEMOA).

5.4.Le respect des procédures de gestion

En matière d'opérations bancaires, le respect des procédures de gestion est une obligation sur tous les intervenants de la chaîne de valeur[41] d'une activité donnée (par exemple la certification de chèque). Ces procédures de gestion sont relatives aux opérations suivantes : les retraits/versements ; les virements ; les ouvertures de compte ; les mises à disposition ; les remises de chèque, etc.

En outre, tous les collaborateurs doivent, quotidiennement, intégrés dans leurs tâches la culture risque en sus de la prévention, la détection et la lutte contre le blanchiment de capitaux et le financement du terrorisme (LBCFT). En la matière, en plus de l'obligation de vigilance, les banques ont une obligation de déclaration vis-à-vis de la CENTIF (Cellule Nationale de Traitement des Informations Financières) et une obligation de collaboration vis-à-vis des autorités judiciaires.

5.5.La gestion d'une caisse de devises

Dans les banques, il est prévu, généralement, parmi les caisses secondaires, des caisses de devises pour des besoins de change manuel. La gestion de ces types de caisses relève également des prérogatives du service de gestion des caisses. Ce point est développé ci-dessous.

5.6.Les rôles et responsabilités du caissier principal

Parmi les rôles et responsabilités du caissier principal, on peut citer :

- ☞ Nivellement vers les caisses secondaires et versement à la banque centrale
- ☞ Alimentation reçue des caisses secondaires et retrait à la banque centrale
- ☞ Contrôle et la supervision des caisses secondaires
- ☞ Arrêté de sa propre caisse
- ☞ Gestion du coffre-fort du siège
- ☞ Gestion et supervision des plafonds d'encaisses de tout le réseau d'agences

[41] Au sens de Michel Porter, économiste industriel français, l'activité d'une entreprise peut s'analyser le long d'une chaîne à travers les activités qui créent de la valeur (commerciaux par exemple) et les activités supports (Audit par exemple). Pour approfondir, voir Tidiani SIDIBE, l'essentiel du management d'une banque commerciale, pages 47- 65.

- Contrôler les comptes inter caisses qui permettent de retracer la cession du cash entre les caisses secondaires et la caisse principale.
- Rapprocher quotidiennement les comptes inter caisses.
- Chaque soir, les chefs d'agence et caissiers doivent s'assurer que le compte d'espèce en route inter caisse de leur agence est soldé (solde =0). S'il subsiste un suspens, ils doivent rechercher l'opération et la solder le jour même.

5.7. L'organisation et le fonctionnement d'un service de caisse[42]

Dans une banque, il important de bien organiser le service de caisse de telle sorte que son fonctionnement va permettre de servir la clientèle dans un temps record. Cela passe aussi par l'utilisation des personnes compétentes c'est-à-dire des bons trieurs et/ou trieuses et des bons caissiers et/ou caissières qui savent très rapidement manipuler les fonds et valeurs sans risque de se tromper (technique de comptage des billets, savoir reconnaître un paquet, savoir traiter les remises de chèques).

5.8. La surveillance permanente au niveau du front et du back office

L'objectif de toute surveillance permanente est de maintenir un niveau satisfaisant de risque dans l'exécution des opérations bancaires. Cela présente des avantages à la fois pour la banque et ses clients :

Avantages pour la banque : juguler la fraude ; contrôler les erreurs ; réduire les pertes pour la banque ; minimiser le risque opérationnel et le risque de réputation ; fournir le moyen d'identifier les services à problèmes ; garantir la réalisation des proofs[43] périodiques.

Avantages pour le client : sécurité liée à ses transactions ; protéger les fonds du client ; qualité des délais et respect des délais.

La surveillance permanente au niveau des opérations de front office :

Dans le souci d'un meilleur contrôle des opérations du front office, il devient impératif de mettre en place des éléments de contrôle de façon

---

[42] Ce point est développé en détail dans la partie suivante.

[43] Anglicisme beaucoup utilisé par les auditeurs internes dans le cadre des vérifications périodiques.

à assurer une surveillance permanente sur l'activité de la banque au quotidien.

Les activités concernées sont les suivantes :

☞Les transferts rapides (western union, money gram, etc.) : les vérifications d'usage doivent se faire à l'envoi ainsi qu'à la réception des fonds.

☞Les cartes monétiques[44] ; GAB/DAB et TPE (Terminaux Paiement Electronique) : il s'agit de vérifier entre autres les chargements de cartes ; de bien faire les arrêtés de GAB/DAB et TPE en s'assurant qu'il n y a pas d'erreur ou d'anomalie ; de s'assurer que les cartes ne sont pas falsifier en regardant toutes les mentions obligatoires (reprise des quatre premiers chiffres en dessous du numéro de la carte, nom du porteur, la date d'échéance, l'hologramme, la signature au verso).

☞Les vérifications et règles de sécurité au niveau des opérations de la caisse : les vérifications d'usage au niveau de la caisse concernent les retraits, les versements et les mises à disposition. Pour le cas du retrait d'espèce par chèque, le caissier doit procéder aux vérifications suivantes :

- Réception du chèque renseigné par le client.
- Horodater le chèque
- Vérifier la signature du client
- Vérifier la date de validité du chèque
- Vérifier que le chèque n'est pas frappé d'une opposition
- Vérifier la concordance entre le montant en chiffre et le montant en lettre.
- Vérifier que le chèque n'est pas barré
- Vérifier l'endos du chèque: nom, adresse et signature du bénéficiaire doivent y être apposés.
- S'assurer que la signature à l'endos du chèque est la même que celle sur la pièce d'identité du bénéficiaire.
- Vérifier le solde du compte du client.
- Si le montant du chèque dépasse la limite de confirmation, faire confirmer par le gestionnaire de compte au cas où le bénéficiaire n'est pas le titulaire du compte.

[44] Depuis le 30 juin 2016, les banques de la zone UEMOA ont basculé vers les cartes à puce (versus à piste).

- Procéder à la copie de la pièce d'identité du bénéficiaire tout en vérifiant la validité de ladite pièce.
- Vérifier l'authenticité du chèque en s'assurant que les marques de sécurité sont en place.
- Procéder au paiement du chèque.
- Lors du paiement indiquer les coupures à l'endos du chèque.
- Remettre les fonds au client accompagnés d'une enveloppe.
- S'assurer que le client compte et reconnaît les fonds.
- Remettre le chèque au client afin qu'il signe en dessous du détail des coupures.
- Reprendre le chèque avec le client et le ranger.

Pour le cas de versement d'espèce au guichet de l'agence, ces vérifications suivantes s'imposent aux caissiers :
- Réception du bordereau renseigné et des fonds du client.
- Vérifier que le bordereau est bien renseigné.
- Horodater le bordereau.
- Compter les fonds en détaillant les coupures et en comparant également le montant compté au montant total sur le bordereau.
- Vérifier l'authenticité des fonds en utilisant un détecteur de faux billet.

Pour les cas de mise à disposition, vérifier l'identité du bénéficiaire en réclamant une pièce d'identité valide et poser la petite question (s'il y en a).

La surveillance permanente au niveau des opérations de back office :

Le contrôle au niveau des opérations du back office se définit autour de trois aspects :
☞Vérifications d'usages et le pointage
☞L'analyse des comptes
☞L'identification et la résolution des anomalies.

Ce faisant, les contrôles et règles de sécurité au niveau de la gestion des caisses concernent les comptes inter caisses et inter agences, la cession/approvisionnement à la Banque Centrale, l'ouverture de caisse, la fermeture de caisse, la gestion de la salle de tri et la gestion de la chambre forte.

Pour les comptes inter caisses, le caissier doit veiller à :

☞Contrôler les comptes inter caisses qui permettent de retracer la cession du cash entre les caisses secondaires et la caisse principale.
☞Rapprocher quotidiennement les comptes inter caisses.
☞Chaque soir, les caissiers doivent s'assurer que le compte d'espèce en route inter caisse de leur agence est soldé (solde =0)
☞S'il subsiste un suspens, ils doivent rechercher l'opération et la solder le jour même

Pour les comptes inter agences, le caissier doit veiller à :

☞Recevoir en fin de journée « un état des espèces en route » des agences.
☞Contrôler les comptes inter agences (par devise) qui permettront de retracer les espèces en route.
☞Rapprocher les comptes au quotidien.
☞Procéder quotidiennement à la comptabilisation des réceptions ou des envois des fonds.
☞Chaque soir, les caissiers des agences effectuant des opérations avec la Banque Centrale et le caissier principal doivent s'assurer que leurs compte d'espèce en route inter agence de leur agence est soldé (solde =0).
☞Les seuls suspens doivent correspondre aux fonds confiés à la société de convoyage de fonds et non encore réceptionnés. Les suspens ne peuvent excéder une durée d'un jour.

Pour les cessions/approvisionnements à la Banque Centrale :

☞Chaque soir, les caissiers des agences effectuant des opérations avec la Banque centrale et le caissier principal doivent s'assurer que leurs compte d'espèce en route Banque Centrale de leur agence est soldé (solde =0).
☞Les seuls suspens doivent correspondre aux opérations non encore reprises par le back office trésorerie. Les suspens ne peuvent excéder une durée de 1 jour.

Pour l’ouverture de caisse, Le chef de d’agence et le caissier doivent s’assurer que le relevé d’encaisse d’ouverture édité est conforme au relevé d’encaisse de fermeture édité la veille lors de la clôture des caisses.

Pour la fermeture de caisse, le caissier doit :

☞Procéder au pointage des opérations saisies avec les pièces comptables afin de s’assurer qu’aucune erreur n’a été commise sur les montants, numéros de chèques, numéros de comptes etc. Toute erreur doit être corrigée le jour même.
☞Procéder à l’inventaire physique exhaustif de sa caisse et reporter les résultats sur le cahier de décomposition d’encaisse.
☞Procéder au pointage de toutes les opérations de cessions et approvisionnements saisies dans la journée avec fiches de mouvements de caisse. Le contrôle porte sur les montants et l’exhaustivité des saisies. Toute erreur doit être corrigée le jour même.
☞Procéder à l’inventaire physique de sa réserve et reporter les résultats sur le cahier de décomposition d’encaisse

Pour la gestion de la salle de tri, le caissier principal doit veiller à :

☞Ouvrir les sacs scellés en présence des agents du tri et compter les fonds avant cession.
☞Renseigner correctement la fiche de travail déterminant le montant à trier et la remettre au chef du tri.
☞ Reconnaitre les fonds après le tri, fermer et sceller les sacs en présence de tous.
☞Renseigner le bordereau de versement espèces à la Banque Centrale en concordance avec les sacs préparés et appeler la société de convoyage de fonds pour le transfert à la Banque Centrale.

Pour la gestion de la chambre forte, le caissier principal doit observer les points ci-après :

☞Tenue d’un registre physique des mouvements de fonds de la chambre forte.
☞Tenue d’un registre pour tous les mouvements de personnes de la chambre forte.
☞Contrôle des espèces de la chambre forte avec le solde tous les jours.

☞Vérification de l'adéquation des fonds de la chambre forte avec la limite optimale approuvée par la globale de banque (assurance des encaisses).

☞Etablissement des bordereaux de réserves de fonds, versement ou espèces.

5.9.Les techniques d'arrêté de caisse

Il existe en général trois techniques d'arrêté de caisse à savoir : l'arrêté de caisse de la petite caisse ; l'arrêté de caisse des encaisses en monnaie locale et l'arrêté de caisse en devises. En tous les cas, l'arrêté de caisse consiste à des rapprochements en vue de déceler d'éventuels écarts.

Pour l'arrêté de caisse de la petite caisse : il consiste à contrôler et constater de visu les originaux des factures de règlement de fournisseur. Ensuite, procéder à la reconstitution des dépenses afin de faire un rapprochement entre le solde physique et le solde théorique. En cas d'existence d'écart, donnez en des explications plausibles. Enfin, faire des recommandations utiles conformément aux procédures en vigueur.

Pour l'arrêté de caisse des encaisses en monnaie locale : il s'agira de porter un contrôle théorique, à partir du journal caisse et de la balance, sur le solde de la veille, les recettes (approvisionnements + versements clients)/dépenses (cessions + retraits clients) et le solde du jour. Au niveau du contrôle physique, procéder à un billetage et enfin contrôler les soldes théorique et physique pour voir la différence.

Pour l'arrêté de caisse des encaisses en monnaies étrangères : voir le point change manuel.

Tableau 4: Modèle d'arrêté de caisse de la « petite caisse »

PROCES VERBAL DE VERIFICATION : PETITE CAISSE

………

Il ressort de cette vérification les situations ci-après :

1- **Contrôle et constats sur les factures:**

………

Nous recommandons :

………

2- **Constats sur les soldes :**

➢ Reconstitution des dépenses :

Libellé	Montant en FCFA
Solde de départ (soldes caisse au………..).	
Montant du dernier approv.	
Solde de caisse au………	
Total dépenses	
Reliquat théorique au …………	
Montant physique caisse au ……….	
Ecarts	

➢ Rapprochement solde journal et encaisse physique :

Libellé	**Montant en FCFA**
Solde théorique (Journal du ………)	
Solde physique	
Ecarts	

Explications de l'écart :

………

3- **Recommandations :**

………

Tableau 5: Modèle d'arrêté de caisse sans devises

PROCES VERBAL DE VERIFICATION DE CAISSE AU : ....

Nous avons procédé, ce jour..............., à la vérification de la caisse
....de..
Tenue par Mme/ Mlle/ M...
Statut caissier(e) :..
Nom de la caisse sur la balance :..
Il ressort de cette vérification les situations ci après :

Encaisse en monnaie locale :

a) Contrôle théorique :

	Journal	Balance
Solde de la veille		
Recettes		
Dépenses		
Solde du jour		

b) Contrôle physique :

Billets en FCFA			Jetons en FCFA		
Billets	**Nombre**	**Valeur**	**Jetons**	**Nombre**	**Valeur**
10 000			500		
5 000			250		
2 000			200		
1 000			100		
500			50		
			25		
			10		
			5		
Total 1 :			**Total 2 :**		
Total (1) + (2) :					

	Journal	Balance
Solde théorique		
Solde physique		
Différence		

Arrêter le présent PV (CFA) à la somme
de :...
....

Caissier(e) **Responsable** **Auditeur Interne** **Commissaires aux comptes**

6. La gestion d'une caisse de devises (changes manuel)

Les opérations de change manuel regroupent principalement les achats et les ventes de devises[45].

Pour les opérations en devises, le cours de l'euro par rapport au CFA est fixe, par contre il est variable pour les autres devises.

[45] Principales monnaies internationales, comme par exemple le dollar américain, l'euro, la livre sterling, le yen, le yuan, servant de réserve de valeur (réserve de change pour les banques centrales) et échanger sur le marché des changes.

Afin de déterminer les cours applicables à l'achat ou à la vente de devise, le trésorier de la banque arrête chaque matin le cours de change manuel à l'achat et à la vente à partir de Yahoo finance ; Bloomberg, Reuters, Datastream, etc.

Ces opérations sont soumises à la réglementation des changes et du commerce extérieur de l'Uemoa qui limite notamment à la contrevaleur de deux millions de francs CFA (2.000.000), les sommes délivrées en billets de banque aux voyageurs résidents, dans le cadre des allocations touristiques.

Cette réglementation est complétée par les deux instructions du Gouverneur de la Banque Centrale ci-après : Instruction N° 05/07/2011/RFE du 13/07/2011 relative à la délivrance des allocations en devises aux voyageurs résidents ; et l'Instruction N° 05/07/2011/RFE du 13/07/2011 relative aux opérations des Agréés de Change Manuel.

L'encaisse en devises, en zone Uemoa, comporte des risques particuliers : risque de négociation de faux billets ; risque d'évolution défavorable des cours.

6.1 La notion de change manuel

Le change manuel est une opération bancaire par laquelle la banque achète ou vende de l'euro ou des devises à un client. Pour ce faire, sa marge sur le fixing peut être dans la fourchette de ±2% hors taxes.

Les allocations en devises aux voyageurs résidents s'effectuent sous la forme de billets étrangers, de chèque de voyage, de cartes de retrait et de paiement prépayé. Sous la forme de billets étrangers, ces allocations ne peuvent excéder la contre-valeur de deux millions (2.000.000) de francs CFA par personne et par voyage. Et, le voyageur doit justifier d'un titre de voyage et d'un passeport ou d'une carte d'identité en cours de validité (article 2 et 3 de l'instruction N°05/07/2011/RFE relative à la délivrance des allocations en devises aux voyageurs résidents).

Concernant les voyageurs non-résidents, il est exigé une déclaration obligatoire à l'entrée et à la sortie du territoire national de tous moyens de paiement lorsque le montant dépasse un million de francs CFA (1 000 000 FCFA) (article 27 de l'annexe II du règlement

N°09/2010/CM/UEMOA/ relatif aux relations financières extérieures des Etats membres de l'union économique et monétaire ouest africaine - UEMOA).

Les conditions d'exercice de l'activité de change manuel sont réglementées par l'instruction N°06/07/2011/RFE relative aux conditions d'exercice de l'activité d'agrément de change manuel. Les autorisations portant agrément de change manuel sont délivrées par arrêté du Ministre de l'Economie et des Finances, après avis conforme de la BCEAO.

6.2 La comptabilisation des opérations

Achat de devises

Client de la banque

Débit	Crédit
37………. Contre-valeur position de change en FCFA 11………… Caisse devise	2511…….. Compte client 37………….. Position de change en devises

Client de passage

Débit	Crédit
37….. Contre-valeur position de change en FCFA 11…… Compte correspondant	27…….. Divers achat/vente FCFA 37…….. Position de change en devises

Vente de devises

Client de la banque

Débit	Crédit
37……….	11……..
Position de change en en devises	Caisse devise
2511………….	37…………..
Client X	Contre-valeur Position de change en FCFA
	70……..
	Produits/opérations de change
	33……
	TAF/vente de devise

Client de passage

Débit	Crédit
37….. Position de change en devises 27…… Divers achat/vente devises FCFA	11…….. Caisse devise 37………….. Contre-valeur Position de change en FCFA 70…….. Produits/opérations de change 33…… TAF/vente de devise

6.3 L'arrêté d'une caisse de changes

Il s'agit de faire le billetage devise par devise en comparant le solde théorique du solde physique pour déceler d'éventuels écarts. A noter que les devises sont réévaluées au dernier cours envoyé par la Banque Centrale.

Tableau 6: Modèle d'arrêté de caisse avec devises

PROCES VERBAL D'ARRETE DE CAISSE AVEC DEVISES

Nous avons procédé ce jour .... à la vérification de la caisse N°........

Tenue par ....

Il ressort de cette vérification les situations ci après :

I Encaisse en monnaie locale

a) Contrôle théorique :

- Solde de la veille CFA ....
- Recettes CFA ....
- Dépenses CFA ....
- **Solde du journal CFA** ....

b) Contrôle physique :

BILLETAGE F.CFA			JETONS F.CFA		
B) CFA	NOMBRE	VALEURS	CFA	NOMBRE	VALEURS
10 000			500		
5 000			250		
2 000			200		
1 000			100		
			50		
			25		
			10		
			5		
SOUS TOTAL 1 :			SOUS TOTAL 2:		
T O T A L G E N E R A L (1)+(2)=					

Solde théorique : ....

Solde physique : ....

Différence : ....

Arrêter le présent PV (CFA) à la somme de :..

....

II ENCAISSE MONNAIES ETRANGERES

EURO

DEVISES	BILLETAGE	VALEURS (physiques)	VALEURS (Théoriques)	ECARTS
500				
200				
100				
50				
20				
10				
5				
TOTAL				

USD

DEVISES	BILLETAGE	VALEURS (physiques)	VALEURS (Théoriques)	ECARTS
100				
50				
20				
10				
5				
1				
TOTAL				

GBP

DEVISES	BILLETAGE	VALEURS (physiques)	VALEURS (Théoriques)	ECARTS
50				
20				
10				
5				
TOTAL				

CHF

DEVISES	BILLETAGE	VALEURS (physiques)	VALEURS (Théoriques)	ECARTS
1000				
200				
100				
50				
20				
10				
TOTAL				

CAD

DEVISES	BILLETAGE	VALEURS (physiques)	VALEURS (Théoriques)	ECARTS
100				
50				
20				
10				
5				
TOTAL				

NB **: les devises sont réévaluées au dernier cours envoyé par la banque centrale**

CAISSIER RESPONSABLES AUDITEUR INTERNE

7. Le guichetier payeur : un poste clef dans l'accueil et la gestion de la relation avec le client[46]

Le guichetier payeur s'intercale entre les caissiers et les clients. C'est un système qui permet d'amenuiser les risques de fraudes, de falsification, etc. Ce faisant, il est très généralement le point d'entrée de la relation clientèle. Par conséquent, en plus de ses compétences (savoir-faire), il doit avoir une très bonne qualité relationnelle et communica-

[46] En anglais : Customer Relation Management (CRM).

tionnelle c'est-à-dire une personne présentant des facultés naturelles (savoir être) d'adaptation sociale et émotionnelle (une personne extrovertie).

L'accueil clientèle est très important dans une banque de détail. Pour les banques ayant une culture d'entreprise, cet accueil est codifié de telle sorte que tous les collaborateurs de la banque, du Directeur Général au planton, sont prioritairement formés, quel qu'en soit leurs diplômes respectifs, à la culture d'accueil de la banque. De prime abord, cela reflète une image de professionnalisme vis-à-vis des clients de la banque. Ce qui va créer de la valeur pour la banque. En clair, toute la force de vente[47] doit être régulièrement formée et coachée en accueil clientèle qui est un module de base (horizontal) à toute formation bancaire.

7.1 Créer un accueil de qualité dans l'agence

De façon très professionnelle, l'une des premières tâches auxquelles un guichetier doit s'atteler c'est de créer un accueil de qualité exceptionnelle et différentiée dans l'agence bancaire. Chaque client doit alors être accueilli en lui donnant l'impression comme s'il est le seul client de la banque. D'ailleurs ne dit-on pas que le client est roi, c'est lui qui paye nos salaires !!!

7.2 Savoir accueillir un client spontané

Le guichetier payeur doit avoir également le sens de l'accueil d'un client spontané c'est-à-dire un client de passage se pointant pour demander par exemple plus d'information sur les nouveaux produits que la banque vient de lancer sur le marché. En plus de la qualité de l'accueil, le guichetier payeur doit avoir un bon argumentaire commercial pour vendre les produits. A défaut, il doit pouvoir lui décro-

[47] La force de vente (FDV) d'une entreprise est l'ensemble des personnes qui ont pour mission principale de vendre ou de faire vendre les produits ou services de l'entreprise au moyen de contacts avec les clients potentiels (prospects), les distributeurs ou les prescripteurs. L'efficacité de la force de vente joue un rôle important dans la réussite commerciale de toute entreprise. Par conséquent, la meilleure stratégie conçue dans le silence risque de fort échouer si elle n'est pas soutenue par des vendeurs compétents, motivés et performants.

cher un RDV avec le chargé clientèle (ou gestionnaire de compte) en vue d'une négociation commerciale[48].

7.3 Savoir accueillir un prospect

Dans l'atteinte de leurs objectifs individuels, la démarche des guichetiers et gestionnaires de compte doit s'articuler autour des 3 grandes actions génératrices de valeur ci-après :

☞ La génération du contact : la prospection ;

☞ La transformation de ce contact (prospect) en client pour la banque ;

☞ Et, la fidélisation de ce client.

Cela veut dire que le prospect qui s'adresse au guichet d'une agence bancaire pour prendre des renseignements doit être automatiquement très bien accueilli, informé et capté par le guichetier. C'est là où réside sa plus grande valeur ajoutée pour la banque.

7.4 Savoir gérer les situations difficiles

Dans la vie d'une agence bancaire, il apparaît souvent des situations difficiles à gérer. Face à un client indélicat, le guichetier doit faire preuve de professionnalisme et de discrétion. Ou face un client gonflé à bloc concernant sa requête de réclamation, le guichetier doit à travers sa qualité de l'accueil apaisé le client et ensuite lui donner des explications plausibles sur sa réclamation même quand celle-ci n'est pas justifiée. L'agence bancaire étant gérée par une équipe solidaire, il peut se référer à son chef d'agence.

Quand un client irrespectueux provoque et insulte le guichetier, ce dernier doit d'abord garder le silence face à cette insolence et ensuite chercher à expliquer au client en question les procédures et valeurs véhiculées par sa banque. Il ne doit en aucun cas répliquer par des insultes similaires. Par contre, son professionnalisme doit lui permettre de chercher à ramener le client à de meilleurs sentiments. En-

---

[48] La négociation est la recherche d'un accord centré sur des intérêts matériels ou des enjeux quantifiables entre deux ou plusieurs interlocuteurs dans un temps limité. Cette recherche d'accord implique la confrontation d'intérêts incompatibles sur divers points de négociation que chaque interlocuteur va tenter de rendre compatible par un jeu de concessions mutuelles.

core l'apport de son chef d'agence est primordial dans la gestion des situations difficiles.

Voyons à présent comment maîtriser les techniques de gestion du service de caisse au sein d'une agence bancaire.

II. La maitrise des techniques de gestion du service de caisse

La maitrise des techniques de gestion du service caisse passe impérativement par la connaissance de l'organisation et le fonctionnement de ce service ; la maîtrise des opérations de caisse ; la gestion des risques liés ainsi qu'une bonne connaissance du convoyage de fonds (transport de fonds).

1. L'organisation et le fonctionnement d'un service de caisse centrale

Les caisses d'une banque commerciale peuvent être organisées en une caisse centrale de l'agence principale gérée par le Caissier Principal (ou chef de service caisse centrale), les caisses principales place bancable, les caisses principales place non bancable, les caisses principales agences de la capitale et les caisses secondaires gérées par les simples caissiers qui dépendent par voie hiérarchique du caissier principal.

L'organisation et le fonctionnement d'un service de caisse centrale dépendent des réalités techniques et juridiques.

1.1 Les aspects techniques et juridiques

Les aspects techniques : Le Caissier Principal organise toutes les caisses principales et secondaires en procédant à la gestion des encaisses (nivellement vers caisses ou alimentation par les caisses), à la consultation régulière, à l'ajustage et à la fermeture des caisses en fin de journée.

Seuls le Chef d'Agence et le Caissier Principal doivent disposer du profil « gestion des caisses».

Les caissiers secondaires doivent disposer d'un menu simplifié.

Les approvisionnements de la banque en espèces sont faits à partir de la Banque Centrale. La banque y reverse aussi quotidiennement les espèces issues des versements de la clientèle, après tri.

Les caisses secondaires des agences seront alimentées à partir de la caisse principale de l'agence dont elles relèvent.

En cas de présentation de chèque d'une valeur supérieure à l'encaisse d'une caisse secondaire, celui-ci sollicitera un approvisionnement ponctuel auprès du caissier principal dont il relève.

Les aspects juridiques : ils sont liés aux ouvertures de comptes et la gestion des procurations : le département juridique doit intervenir dans le processus de validation de la régularité des documents requis à l'ouverture de chaque type de compte (compte chèque, compte d'épargne, compte commercial) et de la vérification de la capacité des mandataires sociaux à engager la société préalablement à tout mouvement débiteur sur les comptes sociétés.

Les spécimens de signatures des mandants doivent être scannés et mis sur le profil du compte ainsi que ceux des éventuels mandataires.

Une attention particulière doit être également accordée au respect des obligations légales introduites par la Directive n°02/2015/CM/UEMOA relative à la lutte contre le blanchiment de capitaux et le financement du terrorisme dans les États membres de l'Uemoa.

Par ailleurs, le service caisse centrale via les caissiers de l'ensemble du réseau d'agences doit répertorier et signaler aux commerciaux les comptes qui ne sont pas à jour pour manque de spécimens scannés ; manque de photo d'identité ; manque d'adresse ; etc.

1.2 Les normes de sécurité

Parmi les normes de sécurité (sécurité physique en parlant des personnes et sécurité logique en parlant des serveurs et logiciels) à observer, on peut citer :

Respect rigoureux des procédures de gestion des clés d'accès à la banque : un registre des clés est tenu à cet effet ; chaque clé doit avoir une double ; les remplacements de serrures doivent être autorisés ; le renouvellement périodique des clés ; les clés endommagées doivent être présentées avant leurs remplacements.

Respect scrupuleux des badges d'accès : badges visiteurs ; badges employés ; badges prestataires ; badges stagiaires. Définition des niveaux d'accès en fonction des zones de sensibilité (élevée ; moyenne ; et normale). Parmi les zones de sensibilité élevée on peut retenir la salle de tri, les coffres forts, les salles informatique et monétique. Comme zone à sensibilité moyenne, les caisses, les archives, les salles des chéquiers, cartes monétiques, et les coffres ignifuges des garanties. Les paliers d'entrée, les halls sont des zones à sensibilité normale.

Respect strict des procédures de gestion des accès logiques : une matrice de gestion des habilitations et profils doit être opérationnelle (sécurité logique des serveurs et système d'information bancaire). Le département informatique gère habituellement tous les aspects liés à la gestion des accès logiques.

Les principes de sécurité suivants doivent être observés :

Pour les guichets : Des dispositifs de déclenchement d'alertes silencieuses et adressables séparément sont installés à tous les postes de travail. Les guichets disposent de téléphones avec liaisons extérieures, les numéros de secours y sont affichés.

Pour les caisses : ils doivent opérer derrière une barrière infranchissable, dite guichet de sécurité. Les parois du guichet de sécurité doivent avoir une résistance pare-balles et anti- effraction présentant les caractéristiques minimales. Le local de la caisse dispose d'un téléphone avec liaison extérieure, les numéros de secours y sont affichés. Au moins un dispositif de déclenchement d'alerte silencieuse et adressable séparément est installé à la caisse.

L'ouverture peut être opérée par clé, code ou carte d'accès et comporte un élément de surveillance (œilleton, caméra, miroir) permettant de vérifier l'identité du demandeur d'accès à la caisse. Aucune porte du local de la caisse ne doit communiquer en direct avec l'extérieur de l'agence ou du siège. En cas d'impossibilité de droit ou de fait, la ou les portes doivent être dotées d'un système déclenchant l'alarme en cas d'effraction. Il est recommandé d'équiper les fenêtres donnant vers l'extérieur d'un store ou tout autre dispositif empêchant la vue directe.

Le local de la caisse est doté d'un système d'aération/ventilation. Un appareil détecteur de faux billets est installé à chaque caisse. L'aménagement d'une caisse dite « discrète » est recommandé. Le client est hors de la vue du public. L'accès est autorisé par une porte activée par le caissier. La présence d'un seul client à la fois est garantie. Les fonds stockés ne sont pas visibles.

Pour la conservation des fonds : utiliser toujours les montants nécessaires aux opérations courantes. Le reste doit être conservé dans des coffres forts selon des principes de sécurité bien défini. Les ouvertures des coffres sont à opérer par codes secrets permettant le déclenchement d'alertes silencieuses en cas de hold-up ou d'agressions.

Pour les clients VIP : les échanges de fonds importants doivent se faire une salle sécurisée.

En plus de ces normes sécuritaires pour les caisses et guichets, il doit impérativement y avoir des systèmes de vidéosurveillance et d'alarmes. La banque doit aussi sécuriser ses coffres forts, ses GAB/DABs et prévenir tout risque d'incendie.

En parlant de coffres forts, la banque doit avoir une bonne politique de gestion optimale des encaisses.

1.3 La gestion optimale de l'encaisse : le niveau d'encaisse

La gestion optimale de l'encaisse se fait conformément au plafond de la «globale assurance » qui garantit un niveau d'encaisse global donné (encaisse globale de la banque = sommation des encaisses de toutes les agences). Cette police d'assurance annuelle assure la banque contre les risques de fraudes et de vols. Donc, on peut penser que le niveau optimal de l'encaisse est celui figurant dans le contrat d'assurance de l'encaisse globale. Certains contrats détaillent même le niveau par agence. Ce qui facilite la gestion des encaisses au sein d'une agence bancaire. Ainsi, la gestion optimale se fera alors encaisse de l'agence X, l'encaisse de l'agence Y, l'encaisse de l'agence Z, ….

Par conséquent, quand l'encaisse atteint un niveau légèrement supérieur figurant dans le contrat alors l'excédent doit être rapatrié vers le siège ou vers la Banque Centrale via un service de transport de fonds.

A contrario, l'agence fera un appel de fonds venant du siège ou de la Banque Centrale.

1.4 La commande et la réception des fonds et des valeurs[49]

Comme traité précédemment dans la partie retrait/versement à la Banque Centrale, la commande de fonds et valeurs au niveau de celle-ci doit se faire au moins un jour en avance « j-1 » conformément au minimum d'encaisse requis. Le jour « j » la réception des fonds et valeurs se fait via l'exploit d'une société de transport de fonds et valeurs. Les fonds et valeurs sont mis dans des sacs scellés dont les clés se trouvent avec la banque : réception et reconnaissance de fonds et valeurs par l'agent de la banque à la Banque Centrale et leurs remises sans les clés des sacs scellés à la société de transport qui se chargera de la logistique en endossant le risque de perte et de vol, ensuite remises des fonds et valeurs au domicile de la banque. Les fonds et valeurs sont recomptés et placés dans un coffre-fort.

1.5 Le contrôle et l'arrêté de caisse

En matière de contrôle de caisse, trois niveaux de contrôle sont généralement admis : l'auto contrôle des caissiers ; le contrôle du chef d'agence ; et le contrôle des auditeurs et contrôleurs permanents. Certains parlent de contrôle horizontal et de contrôle vertical.

En effet, les caissiers y compris le caissier principal ou central ont l'obligation d'arrêté leurs caisses respectives en fin de chaque journée selon le principe de l'auto contrôle. A partir du journal de caisse et de la balance, le guichetier et le caissier font ensemble le pointage opération par opération en termes de recettes (versements + approvisionnements caisses) et de dépenses (retraits + cessions de fonds). A la fin, les pièces (PV arrêté de caisse, journal caisse et balance auxiliaire) sont transmises au contrôleur permanent du back office et au département d'audit interne, sous visa du chef d'agence et/ou du caissier principal selon les cas, qui feront aussi leurs rapprochements. Il en est de même pour les GAB/DABs dont les approvisionnements et inventaires sont tenus par les caissiers dans un registre en plus des tickets automatiques.

---

[49] Pour plus de détail voir la partie opérations avec la Banque Centrale.

Aussi, chaque chef d'agence du réseau a l'obligation de procéder à des inventaires inopinés de caisse (caisse principale et caisses secondaires) au moins deux fois par mois. Ces inventaires doivent se faire en présence du caissier (comptages des espèces de façon exhaustive). Les fiches de contrôle ainsi que les pièces qui sous-tendent, sont également transmises par voie hiérarchique aux contrôleurs et au département d'audit interne et de la conformité. En cas d'écart, une demande d'explication devra suivre. Tous les manquants ou excédents sont déclarés et pris en charge par la suite. En cas d'anomalie ou erreur, elles doivent être analysées et régularisées par la suite avec ampliation aux départements comptabilité et audit interne.

En plus, le département d'audit interne et de la conformité a l'obligation d'organiser des arrêtés mensuels dans tout le réseau. Les contrôleurs et auditeurs internes peuvent également intervenir à tout moment de façon ponctuelle et inopinée pour arrêter telle ou telle caisse dans tout le réseau. Le contrôle physique des caisses peut prendre place à tout moment et il est matérialisé par un procès-verbal de contrôle.

Enfin, les caissiers sont régulièrement soumis à des inventaires physiques de leurs caisses et doivent par conséquent être très vigilants dans le traitement des opérations.

1.6 Présentation d'un organigramme type

Figure 5 : Organigramme type d'un service caisse centrale

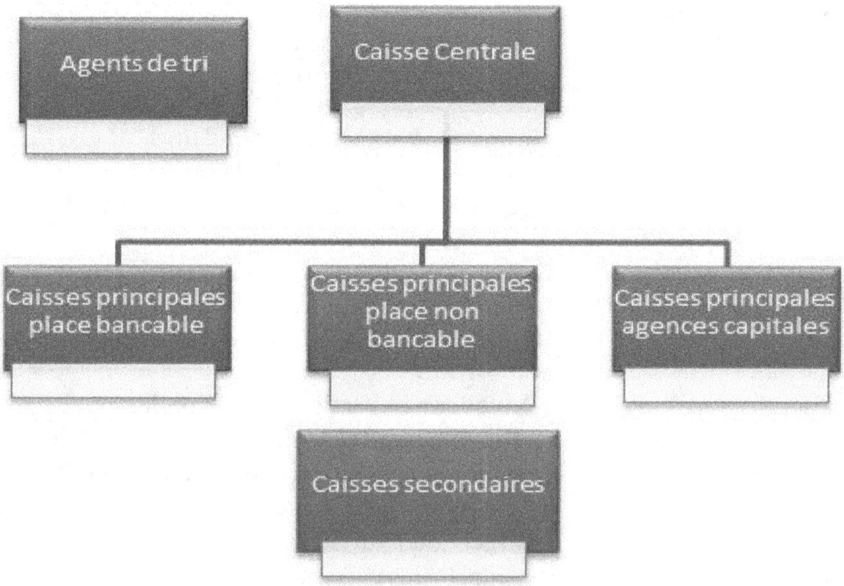

Tableau 7: Les rôles et responsabilités des intervenants d'un service de caisse centrale

NOMS DES INTERVENANTS	ROLES ET RESPONSABILITES
Chef d'Agence	-Ouverture de la journée -Clôture de la journée - Contrôle des caisses - Supervision des plafonds d'encaisses
Caissier Central	-Nivellement vers les caisses principales et versement Banque -Alimentation reçue des caisses principales et retrait Banque -Contrôle des caisses - Arrêté de sa propre caisse

	- Gestion du coffre-fort du siège -gestion et supervision des plafonds d'encaisses -Analyse des suspens, anomalies et erreurs
Caissier principal place bancable	-Nivellement vers les caisses secondaires et versement Banque -Alimentation reçue des caisses secondaires et retrait Banque Centrale -Contrôle des caisses secondaires - Arrêtés des caisses secondaires -gestion du coffre-fort de l'agence en relation avec le Chef d'agence -respect du plafond encaisses - tâches administratives -Analyse des suspens, anomalies et erreurs
Caissier principal place non bancable	-Nivellement vers caisses secondaires -Alimentation reçue des caisses secondaires -gestion du coffre-fort de l'agence en relation avec le Chef d'agence -respect du plafond encaisses -contrôle des caisses -tâches administratives -Analyse des suspens, anomalies et erreurs
Caissiers principaux Agence de la capitale	-Nivellement vers caisses secondaires -Alimentation reçue des caisses secondaires -Contrôle des caisses secondaires - Arrêtés des caisses secondaires -gestion du coffre-fort de l'agence en relation avec le Chef d'agence -supervision des caisses secondaires -respect du plafond encaisses -tâches administratives -Analyse des suspens, anomalies et erreurs
Caissiers secondaires de	-Approvisionnement auprès du caissier principal (selon besoin justifié)

l'ensemble du réseau	-Alimentation de la caisse principale de l'agence -Arrêtés des caisses -Dépôt de sa caisse en fin de journée dans le coffre-fort de l'agence -Tri des billets à chaque fin de journée - Reversement les liasses auprès du caissier principal -En fin de journée respect du plafond d'encaisses -Corriger les anomalies et erreurs
Agents de tri	-Réception du caissier principal des fonds à trier -Reversement des fonds triés au caissier principal -Détection des faux billets et billets mutilés et reversement au caissier principal -tri et paquetage des billets des caisses secondaires

2. La maitrise des opérations de caisse

Les opérations de caisse sont relatives aux retraits et dépôts ; aux remises de chèque ; aux opérations sur GAB/DABs ; et aux transactions en devises.

2.1 Traiter les retraits et les dépôts d'espèces

Le traitement des retraits :

a) Vérification de la validité du chèque (3 ans et 8 jours) et s'assurer surtout de l'existence des mentions obligatoires, d'absence de barrement et d'opposition.

b) Identification du porteur du chèque ou du titulaire du compte : original de la pièce d'identité ; renseigner les informations à l'endos du chèque ou du bordereau de retrait. Signature du bénéficiaire.
c) Enregistrement de l'opération dans le SIB : génération automatique du schéma comptable ; validation des écritures.

d) Remise des espèces au porteur du chèque : fonds reçus par le porteur et reconnaissance. Signature et apposition du cachet payé.

Le traitement des dépôts :

a) Accueil du client : renseignement du bordereau et réception du bordereau signé.
b) Saisie de l'opération dans le Système d'Information Bancaire : génération automatique des écritures comptables.
c) Réception des fonds : comptage et rapprochement ; validation des écritures comptables.

2.2 Traiter les remises de chèques

Chèques tirés sur des comptes domiciliés dans la banque :

a) Réception de la valeur et vérification des six (06) mentions obligatoires ci-après : le mot chèque inséré dans le texte ; le mandat pur et simple de payer une somme déterminée ; le nom de celui qui doit payer; le lieu de paiement ; l'indication de la date et du lieu de création ; la signature manuscrite du tireur.
b) Vérification de la régularité : validité ; suite des endos ; absence d'opposition ; absence de barrement ; correspondance montants en chiffres et en lettres (sinon payer montant en lettre conformément à la règlementation) ; cachet et/ou signature.
c) Renseignement du bordereau de remise
d) Saisie et validation dans le système

Chèques tirés sur des comptes autres banques :

a) Réception avec bordereau de remise
b) Vérification de la conformité du chèque
c) Saisie du chèque dans le module de compensation
d) Réception sort du chèque sous 48 heures
e) Crédit du compte du client.

2.3 Traiter les opérations sur GAB/DABs

Les guichets automatiques communément appelés GAB, sont pour la plupart situés dans les locaux des agences bancaires. A ce titre, ils sont vus comme des caisses de paiement sous la responsabilité du chef d'agence au même titre que toute autre caisse. De ce fait, leur encaisse doit être suivie, contrôlée et rapprochée.

Le rôle du Gestionnaire de GAB est de:

S'assurer de l'état de bon fonctionnement du GAB :

Pour que le GAB fonctionne de manière optimale (disponibilité permanente), il faut :

a) Une encaisse suffisante en billets de 5 000 et 10 000. Il est important que ces deux coupures soient toujours disponibles. Ne pas attendre qu'une série soit entièrement épuisée, ou les deux pour procéder à l'approvisionnement. On ne peut pas à priori préjuger du niveau d'utilisation des fonds d'un GAB – il doit être suffisamment et régulièrement approvisionné.

b) Que le rouleau ticket client soit suffisant. Lors des week-end et jours fériés, ne pas hésiter à mettre des consommables neufs (durée de vie maximale) et gérer les reliquats pendant les jours ouvrables où l'assistance est de facto permanente.

c) Que le rouleau journal soit suffisant. Noter que si le rouleau journal du GAB arrive à épuisement, le GAB s'arrête. Donc prendre les mêmes dispositions que pour le cas du rouleau ticket client pour les jours fériés et week-end.

d) Que l'ensemble de l'éclairage soit fonctionnel.

e) Que l'état de propreté générale soit satisfaisant (dépoussiérage côté client).

Réapprovisionner les coffres en cash, changer les consommables (rubans, papier journal et ticket) :

Le suivi du fonctionnement des GAB, nécessite la mise en place d'un certain nombre d'alertes visuelles au niveau de l'écran de supervision. Ces alertes sont relatives aux ressources suivantes:

✓ Cassettes de petites coupures (500 ; 1000 ; 2000)
✓ Cassette de 5 000.
✓ Cassette de 10 000.
✓ Rouleau ticket client et rouleau journal.
✓ Lecteur de carte

Lorsque ces niveaux d'alertes sont atteints, la ressource en question passe du statut disponible à critique. Il est alors indispensable de prévoir une intervention pour l'approvisionnement du GAB afin de prévenir les cas de rupture. Si la ressource s'épuise, elle passe à l'état indisponible et peut entraîner des dysfonctionnements (plus de billets de 5000 – dans ce cas tout porteur dont le solde ne permet qu'un retrait de 5 000 CFA se verra opposer un refus), voire l'arrêt du GAB (pour le cas du journal).

La procédure de réapprovisionnement en cash fait l'objet d'un procès-verbal suivant une fiche spécifique. Au cours de cette procédure, le Gestionnaire doit vérifier l'état de bon fonctionnement du GAB. Après chargement et mise en route, il est important de faire un test réel de bon fonctionnement (vérification du solde, impression d'un relevé et/ou retrait de cash).

Procéder à l'arrêté comptable régulier des coffres des GAB :

L'arrêté quotidien d'un GAB permettra de faire le point sur : les différents soldes ; les billets ravalés ; les cartes capturées ; de vérifier l'état des consommables ; de vérifier la disponibilité.

Tout ce qui a été constaté sur le GAB doit être consigné dans la fiche de suivi quotidien du GAB concerné, les opérations financières (nécessitant l'accès au coffre-fort) doivent être consignées dans le « PV d'approvisionnement » dudit GAB.

<u>Tableau 8</u>: Modèle de fiche d'arrêté de GAB/DABs

Agence :			Date Arrêté :		
GAB n°			Heure :		
Caissier :					
Détail de l'encaisse					
Cassette 5 000			Cassette ………		
En coffre :			En coffre :		

Rejet :			Rejet :		
Solde Comptable (SIB) :					
Solde Physique (GAB) :					
Ecart :					

Instruire les réclamations des porteurs :
Conformément à la règlementation sur les instruments et moyens de paiement.

Archivages des journaux :
Obligation légale comme le cas de toutes les pièces comptables.

2.4 Gérer la caisse devises[50]

La gestion de la caisse devises par la saisie journalière des cours fournis par la Banque Centrale et la mise à jour des marges sur coût ; le traitement des opérations d'achats de devises ; et le traitement des opérations de ventes de devises. La banque réalise des gains grâce à des marges sur cours.

3. Les risques et les précautions

3.1 L'erreur de caisse

Avant de procéder à la pré-clôture de sa caisse, le caissier doit procéder au pointage des opérations saisies avec les pièces comptables afin de s'assurer qu'aucune erreur n'a été commise sur les montants, nu-

[50] Ce point a déjà fait l'objet d'un traitement dans les parties précédentes. Cette redondance de certains titres a un motif purement andragogique au motif de ne pas perdre de vue l'étendue des opérations, missions et tâches. En plus, le guichet et la caisse sont intimement liés.

méros de chèques, numéros de comptes etc. toute erreur doit être corrigée le jour même. Pour cela, le caissier demande au caissier principal d'annuler la référence erronée et il procède à la saisie correcte de l'opération. Les corrections effectuées grâce aux contrôles du caissier (contrôle 1er niveau) sont adressées mensuellement au département d'audit interne et de la conformité.

Le caissier principal doit à son tour également procéder au pointage de toutes les opérations de cessions et approvisionnements saisies dans la journée sur sa caisse avec les fiches de mouvements de caisse. Ce contrôle de 1er niveau porte sur les montants et l'exhaustivité des saisies. Toute erreur doit être corrigée le jour même. Puis, il annule la référence erronée et il procède à la saisie correcte de l'opération. Les corrections effectuées sont adressées mensuellement au département d'audit interne et de la conformité.

3.2 Les contestations du client

Dans les opérations de versement/retrait, le client peut contester les fonds dépôts auprès du caissier ou les fonds remis par le caissier. En tous les cas, par mesure de transparence, le chef d'agence doit immédiatement intervenir toute affaire cessante pour faire sortir le caissier de son box et appeler un contrôleur permanent qui viendra arrêter et faire l'inventaire physique de cette caisse. Parallèlement, la caméra de surveillance du caissier doit être visionnée. Si le solde physique de la caisse (comptage physique) est le même, alors il doit sensibiliser le client qu'il n y a pas d'erreur. Si le solde est différent, deux cas de figure se présentent : soit le caissier a intentionnellement diminué le montant versé, auquel cas le solde théorique de sa caisse serait supérieur au solde physique (manquant de caisse) ; soit il intentionnellement diminué le montant remis au client (retrait) auquel cas sa caisse présentera un excédent du différentiel (solde physique de la caisse supérieur au solde théorique). Dans le cas de manquant, il va remettre les sous au client et l'inviter à compléter et reprendre le versement. Dans le cas d'excédent, le client refuse de reconnaître le montant supposer remis par le caissier. C'est pourquoi la diligence du chef d'agence ou du caissier principal rapidement est conseillée sinon la banque risque de perdre ce client mécontent surtout si sa contestation s'avère vraie. Dans ce cas, une demande d'explication devrait immédiatement être remise au caissier. En cas de récidive, il devrait par précaution être relevé de ce poste conformément aux procédures disciplinaires dans la banque.

3.3 Les faux billets[51]

Dans une opération de versement, le caissier peut détecter des faux billets (grâce aux détecteurs automatiques) dans les montants déposés. Il doit informer le client qui va reprendre son opération de versement (annulation de la première). Il va garder les faux billets et dresser une attestation de rétention de faux billets au client.

3.4 Les billets mutilés

Pour les cas de billets mutilés, ceux-ci doivent être triés séparément et mis à part. Lors des opérations de versement à la Banque Centrale, ils seront présentés au guichet de celle-ci pour changement pourvu que ces billets soient identifiables à travers son numéro de série. Donc, avant de prendre ces billets mutilés, le caissier doit très vigilant sur l'état de la mutilation. Sinon, il peut inviter le client à aller demander le changement de ces billets à la Banque Centrale.

4. Le transport de fonds

En signant un contrat de transport de fonds, la banque cherche à évacuer le risque lié à la logistique de l'argent car celle-ci n'est pas son cœur de métier. Pour autant le banquier doit être très vigilant dans les opérations de remise des fonds sous sacs scellés à la société de transport. Il doit observer les procédures de reconnaissance des fonds au départ et à l'arrivée des fonds et veiller à la sécurité des clés.

---

[51] Précédemment traité.

III. Le contrôle de gestion d'une caisse intégrale

Le contrôle de gestion d'une caisse entière implique en plus des traditionnelles tâches du caissier et du guichetier payeur (front office) que le back office (contrôleurs permanents, auditeurs, contrôleurs de gestion) doit s'assurer à tout moment que le front fait correctement son travail. Il s'agit de comprendre les rôles et devoirs des différents intervenants sur la chaîne des opérations de caisse et de guichet (retraits/versements ; nivellements/alimentations ; remises de chèques ; mises à disposition ; etc.).

1. En interne : rôles et devoirs du caissier

Le caissier a pour mission d'assurer le bon traitement des opérations de caisse. Pour ce faire, il doit prendre en charge toutes les opérations de paiements (retraits) et de versements ; participer aux inventaires journaliers de caisse ; l'analyse et la justification quotidienne des écarts de caisse ; etc.

Dans le souci d'un meilleur contrôle des opérations du front office, il devient impératif de mettre en place des éléments de contrôle de façon, à assurer une surveillance permanente sur l'activité au quotidien.

Il a comme critères de performance : le traitement diligent des opérations en temps record ; la satisfaction clientèle[52] ; l'absence d'écarts de caisse injustifiés et de billetages erronés ; l'absence de file d'attente ; et le respect du plafond d'encaisse couvert par l'assurance.

2. Le rôle du back office

2.1 Veiller au bon fonctionnement du front office

Le principal rôle du back office dans le contrôle de gestion d'une caisse intégrale est de veiller au bon fonctionnement du front office (caisse et guichet). C'est le principe de la mise en place d'un dispositif de surveillance permanente du back office[53].

---

[52] Beaucoup de banques utilisent souvent des clients « mystères » afin de connaître très rapidement les dysfonctionnements d'une agence donnée que ça soit au guichet ou à la caisse. De plus, les caméras de surveillance sont très suivies par les responsables hiérarchiques. Par conséquent, il important que les guichetiers et caissiers soient en état de vigilance permanente.

[53] Point abordé supra.

La surveillance permanente (contrôle au niveau des opérations) du back office se définit autour de trois aspects : vérifications d'usages et le pointage ; l'analyse des comptes ; et l'identification et la résolution des anomalies.

En clair, les contrôles et règles de sécurité par le back office au niveau de la gestion des caisses concernent les comptes inter caisses et inter agences, la cession/approvisionnement à la Banque Centrale, l'ouverture de caisse, la fermeture de caisse, la gestion de la salle de tri et la gestion de la chambre forte.

Pour les comptes inter caisses, le caissier doit veiller à :

- ☞Contrôler les comptes inter caisses qui permettent de retracer la cession du cash entre les caisses secondaires et la caisse principale.
- ☞Rapprocher quotidiennement les comptes inter caisses.
- ☞Chaque soir, les caissiers doivent s'assurer que le compte d'espèce en route inter caisse de leur agence est soldé (solde =0)
- ☞S'il subsiste un suspens, ils doivent rechercher l'opération et la solder le jour même

Pour les comptes inter agences, le caissier doit veiller à :

- ☞Recevoir en fin de journée « un état des espèces en route » des agences.
- ☞Contrôler les comptes inter agences (par devise) qui permettront de retracer les espèces en route.
- ☞Rapprocher les comptes au quotidien.
- ☞Procéder quotidiennement à la comptabilisation des réceptions ou d'envois des fonds.
- ☞Chaque soir, les caissiers des agences effectuant des opérations avec la Banque Centrale et le caissier principal doivent s'assurer que leurs compte d'espèce en route inter agence de leur agence est soldé (solde =0).
- ☞Les seuls suspens doivent correspondre aux fonds confiés à la société de convoyage de fonds et non encore réceptionnés. Les suspens ne peuvent excéder une durée d'un jour.

Pour les cessions/approvisionnements à la Banque Centrale :

☞Chaque soir, les caissiers des agences effectuant des opérations avec la Banque centrale et le caissier principal doivent s'assurer que leurs compte d'espèce en route Banque Centrale de leur agence est soldé (solde =0).
☞Les seuls suspens doivent correspondre aux opérations non encore reprises par le back office trésorerie. Les suspens ne peuvent excéder une durée de 1 jour.

Pour l'ouverture de caisse, Le chef de d'agence et le caissier doivent s'assurer que le relevé d'encaisse d'ouverture édité est conforme au relevé d'encaisse de fermeture édité la veille lors de la clôture des caisses.

Pour la clôture de caisse, le caissier doit :

☞Procéder au pointage des opérations saisies avec les pièces comptables afin de s'assurer qu'aucune erreur n'a été commise sur les montants, numéros de chèques, numéros de comptes etc. Toute erreur doit être corrigée le jour même.
☞Procéder à l'inventaire physique exhaustif de sa caisse et reporter les résultats sur le cahier de décomposition d'encaisse.
☞Procéder au pointage de toutes les opérations de cessions et approvisionnements saisies dans la journée avec fiches de mouvements de caisse. Le contrôle porte sur les montants et l'exhaustivité des saisies. Toute erreur doit être corrigée le jour même.
☞Procéder à l'inventaire physique de sa réserve et reporter les résultats sur le cahier de décomposition d'encaisse

Pour la gestion de la salle de tri, le caissier principal doit veiller à :

☞Ouvrir les sacs scellés en présence des agents du tri et compter les fonds avant cession.
☞Renseigner correctement la fiche de travail déterminant le montant à trier et la remettre au chef du tri.
☞ Reconnaitre les fonds après le tri, fermer et sceller les sacs en présence de tous.
☞Renseigner le bordereau de versement espèces à la Banque Centrale en concordance avec les sacs préparés et appeler la société de convoyage de fonds pour le transfert à la Banque Centrale.

Pour la gestion de la chambre forte, le caissier principal doit observer les points ci-après :

- ☞Tenue d'un registre physique des mouvements de fonds de la chambre forte.
- ☞Tenue d'un registre pour tous les mouvements de personnes de la chambre forte.
- ☞Contrôle des espèces de la chambre forte avec le solde tous les jours.
- ☞Vérification de l'adéquation des fonds de la chambre forte avec la limite optimale approuvée par la globale de banque (assurance des encaisses).
- ☞Etablissement des bordereaux de réserves de fonds, versement ou espèces.

2.2 Régler les problèmes relatifs aux clients

La gestion d'un portefeuille de clients passe par une gestion dynamique. Le back office est amené à régler via le front office (principe de vase communicant) un ensemble de problèmes relatifs aux clients.

2.2.1. Mise à jour de la signalétique

Dans le système d'information bancaire, à toute opération du client le back office doit s'assurer que la fiche signalétique de ce client est à jour : adresse récente ; photo ; spécimens ; activité professionnelle ; etc.

La mise à jour relève du front office.

2.2.2. Signature à refaire

Le back office peut amener le client à refaire sa signature dans certaines conditions (trou de mémoire suite à une période convalescente ; oubli ; etc.). Il doit avant tout s'assurer de l'identité du client. Dans la pratique le client amène un papier de la justice prouvant son incapacité à refaire son spécimen de signature.

2.2.3. Problèmes d'identité

Le back office doit également régler les problèmes d'identité en l'occurrence la gestion des homonymies lors de la déclaration mensuelle des comptes ouverts à la Banque Centrale.[54]

Il doit s'assurer de la régularité de l'identité de chaque derrière chaque compte ouvert et par ricochet procéder à la mise en liaison de certains comptes pour un bon suivi.

2.2.4. Les modifications à apporter au compte –La gestion des réclamations de la clientèle.

Dans le cadre de la mise à jour du compte (information manquante ; changement d'adresse ; changement d'activité professionnelle ; etc.), le back office peut apporter certaines modifications au compte.

Le back office doit s'assurer du traitement diligent des réclamations de la clientèle à travers un dispositif de suivi et de reporting périodique. En effet, les réclamations constituent une source importante d'analyse des défaillances dans le dispositif de contrôle interne car elles permettent de déceler l'inapplication de certaines procédures internes.

3. Le rôle de l'audit et du contrôle de gestion

Le département d'audit joue également son rôle dans la gestion des problèmes se rapportant aux clients. C'est le cas de la gestion des réclamations quand le service concerné et le client se divergent. En ce qui concerne les soupçons de fraude ou de malversation le dossier de réclamation est imputé au département d'audit.

Quant au service contrôle de gestion, il peut à priori jauger la satisfaction clientèle à travers le nombre de réclamation. Son rôle est de mettre en place un tableau de bord de suivi pour le pilotage de la performance : nombre de comptes ouverts ; nombre de clôtures ; nombre de réclamations ; calcul des marges ; rentabilité par client ; etc.

Le rapport du contrôle de gestion renseigne alors le top management sur la qualité de la gestion quantitative et qualitative d'une agence donnée. Par exemple, en cas de beaucoup de réclamation sur une pé-

---

[54] En vertu des textes réglementaires (LCBFT), les banques sont astreintes à déclarer périodiquement auprès de la Banque Centrale tous les comptes ouverts chez elles.

riode donnée, il s'agira de comprendre les sources de cette insatisfaction de la clientèle (problème technologique ; problème humain ; problème organisationnel).

IV. Enoncé des procédures de gestion de la caisse

1. Procédures et règlementation éditées par le régulateur

- ☞ Textes relatifs au système et moyens de paiements (exemple : le règlement 15/2002/ de la commission Uemoa).
- ☞ Textes LBCFT
- ☞ Procédures internes : manuel des procédures ; notes internes ; mémos ; décisions ; etc.

2. Procédures de contrôle interne

Procédures de surveillance permanente de la gestion des caisses :

- ✓ Surveillance permanente des opérations du front office ;
- ✓ Surveillance permanente des opérations du back office.

3. Renforcement des relations guichet / caisse / client

- ☞ Bon dispositif de gestion des réclamations
- ☞ Système de contrôle interne efficace
- ☞ Système de Contrôle de gestion efficace
- ☞ Système d'Audit interne efficace
- ☞ Procédures de gestion commerciale
- ☞ Procédures de gestion des opérations bancaires

V. QCM : EVALUONS NOS ACQUIS (suite)

86) L'accueil clientèle ne relève pas du guichetier
   a) Vrai
   b) Faux
87) La fonction de guichetier requiert uniquement des compétences techniques
   a) Vrai
   b) Faux
88) Le guichetier ne s'occupe pas des opérations suivantes :
   a) Réclamation
   b) Opérations de guichet (retrait/versement ; certification, etc.)
   c) Crédits
   d) Versement banque centrale
89) Le guichetier est un vendeur de produits bancaires et financiers
   a) Vrai
   b) Faux
90) Le guichetier doit faire le pointage de la caisse en fin de journée
   a) Vrai
   b) Faux
91) Les dépôts d'espèce et les retraits d'espèce au guichet sont facturés à la clientèle
   a) Vrai
   b) Faux
92) Lors d'un versement inhabituel de 10 millions FCFA, on procède à :
   a) Au rejet des fonds
   b) A l'enregistrement dans un registre LBCFT
   c) A la déclaration de vol
93) En cas de détection de faux billets, le caissier les retourne au client
   a) Vrai
   b) Faux
94) Lors d'un retrait inhabituel de 10 millions FCFA, on procède à :
   a) Au rejet de l'opération
   b) A l'enregistrement dans un registre LBCFT
   c) A la déclaration de tentative de fraude
95) La validité d'un chèque est de :

a) 3 ans 8 jours
b) 2 ans 8 jours
c) 1 an 8 jours

96) En cas d'anomalie/erreur de caisse, le caissier est tenu de la gérer en toute discrétion
a) Vrai
b) Faux

97) Face à un niveau d'encaisse forte, le caissier doit procéder immédiatement à l'approvisionnement de sa caisse
a) Vrai
b) Faux

98) Face à un niveau d'encaisse faible, le caissier doit procéder immédiatement à la cession de fonds
a) Vrai
b) Faux

99) Un caissier doit toujours faire le recomptage des billets et pièces reçus
a) Après le départ du client
b) Devant le client au guichet
c) Après la validation en cours

100) Le plafond d'encaisse est l'encaisse minimale à garder dans sa caisse en fin de chaque journée
a) Vrai
b) Faux

101) Quand un caissier constate un manquant dans sa caisse, cela veut dire :
a) Il a donné plus d'argent à un client
b) Il a donné moins d'argent à un client
c) Il a intentionnellement pris les fonds pour lui même

102) Quand un caissier constate un excédent dans sa caisse, cela veut dire :
a) Il a donné plus d'argent à un client
b) Il a donné moins d'argent à un client
c) Il a intentionnellement pris les fonds pour lui-même

103) Quand le manquant de caisse dépasse un montant de 30.000 FCFA, ce dernier doit recevoir :
a) Un blâme
b) Une demande d'explication

c) Un avertissement verbal

104) Quand l'excédent de caisse dépasse un montant de 30.000 FCFA, ce dernier doit recevoir :
   a) Un avertissement verbal
   b) Un blâme
   c) Une demande d'explication

105) Quand un client n'est pas d'accord avec les billetages au guichet lors d'une opération de retrait/versement, alors on doit :
   a) Immédiatement arrêter cette caisse
   b) Sensibiliser le client
   c) Dire que le client à tort

106) Pour tout retrait/versement à la Banque Centrale, le trésorier doit être consulté au préalable :
   a) Vrai
   b) Faux

107) Le caissier principal ne peut pas forcement connaître la situation des encaisses dans chaque caisse secondaire :
   a) Vrai
   b) Faux

108) L'arrêté d'une caisse de devises se fait devise par devise
   a) Vrai
   b) Faux

109) La gestion du coffre-fort siège relève du caissier secondaire
   a) Vrai
   b) Faux

110) Le compte espèce en route inter caisse doit être soldé en fin de journée
   a) Vrai
   b) Faux

111) La surveillance permanente ne permet pas de réduire totalement le risque opérationnel
   a) Vrai
   b) Faux

112) Les banques primaires ont l'obligation de faire des versements/retraits à la Banque Centrale
   a) Vrai
   b) Faux

113) La salle de tri est accessible à tout le monde
   a) Vrai
   b) Faux
114) La technique des arrêtés de caisse est faire des rapprochements (journal/balance/espèce physique) :
   a) Chaque jour
   b) Chaque semaine
   c) Chaque mois
115) Les voyageurs résidents ne peuvent pas dépasser 2 millions FCFA de liquides par personne et par voyage
   a) Vrai
   b) Faux
116) Les voyageurs non-résidents ont une obligation de déclaration à la sortie et l'entrée d'un pays Uemoa quand le montant en leur possession dépasse 1 million FCFA
   a) Vrai
   b) Faux
117) L'exercice de l'activité de change manuel ne nécessite pas d'agrément
   a) Vrai
   b) Faux
118) La prospection consiste à la fidélisation de la clientèle à travers un bon accueil
   a) Vrai
   b) Faux
119) Les convoyeurs de fonds sont des partenaires de la Banque via un contrat
   a) Vrai
   b) Faux
120) Un service de caisse centrale est l'organe de supervision appropriée de l'ensemble des caisses du réseau
   a) Vrai
   b) Faux
121) Le chef d'agence ne s'occupe pas de la gestion des caisses
   a) Vrai
   b) Faux

122) Le caissier doit être au contact de la clientèle comme les commerciaux

a) Vrai
b) Faux

123) Les coffres forts se trouvent très généralement à l'entrée de l'agence
a) Vrai
b) Faux

124) Le Directeur des Opérations n'a rien à faire comme tâches lors de la gestion des plafonds d'encaisses
a) Vrai
b) Faux

125) La commande des fonds à la Banque Centrale se fait un jour en avance
a) Vrai
b) Faux

126) L'auto contrôle permet de limiter le risque opérationnel
a) Vrai
b) Faux

127) Les arrêtés mensuels se font sous la direction de l'audit interne
a) Vrai
b) Faux

128) Les arrêtés de caisse sont matérialisés par un memo
a) Vrai
b) Faux

129) La salle de tri relève de la gestion du Directeur Commercial
a) Vrai
b) Faux

130) Quand le rouleau est épuisé, le GAB/DAB ne s'arrête pas de fonctionner
a) Vrai
b) Faux

131) Les GAB/DAB comportent des cassettes pour leur fonctionnement
a) Vrai
b) Faux

132) Dans le change manuel la banque ne réalise pas de gains
a) Vrai
b) Faux

133) L'absence de file d'attente fait partie des objectifs du caissier
a) Vrai

b) Faux

134) La surveillance permanente concerne :

a) Le front office
b) La Banque Centrale
c) Les chauffeurs

135) Le back office s'occupe de :

a) La gestion des comptes
b) Des paiements au guichet
c) L'analyse des comptes

136) Le suspens de caisse doit être géré le :

a) Même jour
b) Le mois prochain
c) La semaine prochaine

137) Un registre doit retracer les mouvements de fonds de la :

a) Salle de tri
b) Chambre forte
c) De la caisse

138) La mise à jour de la fiche signalétique est du ressort du :

a) Front office
b) Back office
c) Middle office

139) La déclaration des comptes à la Banque Centrale se fait:

a) Chaque semaine
b) Chaque mois
c) Chaque jour

140) Le contrôle de gestion s'intéresse à la caisse pour le motif de :

a) Performance
b) Contrôle
c) Sanction

141) L'audit interne s'intéresse à la caisse pour le motif de :

a) Performance
b) Contrôle
c) Blâme

142) Le guichetier peut évoluer vers un poste de conseiller clientèle

a) Vrai
b) Faux

143) Un versement espèce ne nécessite pas de bordereau

a) Vrai

b) Faux

144) Un retrait espèce peut se faire sans son chéquier

a) Vrai
b) Faux

145) Les versements espèce ainsi que les retraits espèce sont facturés différemment par les banques

a) Vrai
b) Faux

146) La relation Banque Centrale/Banques commerciales s'arrête seulement aux opérations de versement/retrait

a) Vrai
b) Faux

147) Les caissiers doivent toujours fermer leurs portes d'accès

a) Vrai
b) Faux

148) La salle de tri est ouverte au public

a) Vrai
b) Faux

149) Le caissier central doit arrêter sa propre caisse

a) Vrai
b) Faux

150) Le caissier n'est pas soumis aux inventaires de l'audit interne

a) Vrai
b) Faux

151) Le gestionnaire de compte peut confirmer le paiement d'un chèque

a) Vrai
b) Faux

152) Les clients indélicats sont fichiers aux guichets

a) Vrai
b) Faux

153) Les écritures comptables de manquant/excédent doivent être temporaires

a) Vrai
b) Faux

154) Les caissiers ne tiennent plus de livres de caisse

a) Vrai
b) Faux

155) La gestion des risques est l'affaire de la Direction des risques

a) Vrai
b) Faux

156) La satisfaction clientèle est seulement l'affaire des guichetiers
a) Vrai
b) Faux

157) Les comptes inter caisses sont rapprochés chaque mois
a) Vrai
b) Faux

158) Les suspens doivent être soldés et justifiés
a) Vrai
b) Faux

159) Les cartes à puces sont plus sécurisées que les cartes à pistes
a) Vrai
b) Faux

160) Les GAB/DAB sont arrêtés comme les caisses
a) Vrai
b) Faux

Chapitre III
Force de vente & gestion des risques liés aux opérations bancaires de guichet/caisse

Dans ce dernier chapitre de cet ouvrage, nous allons traiter la question de la force de vente dans une banque commerciale. Ensuite, nous verrons comment les risques inhérents aux opérations de guichet/caisse peuvent être prévenus, détectés et maîtrisés.

Les points ci-dessous y seront développés :

- ☞ Les stratégies bancaires
- ☞ Le marketing bancaire
- ☞ Le cadre règlementaire, juridique et économique des risques liés
- ☞ La détection des risques liés
- ☞ La maîtrise des risques liés et,
- ☞ La question de la responsabilité du banquier

I. Les stratégies bancaires

Les stratégies bancaires désignent les démarches relevant du potentiel et l'aptitude d'une banque à concevoir une politique de développement à moyen et long terme à travers des orientations stratégiques (par exemple : diversifier les produits et augmenter la force de vente) et les plans d'action qui en découlent.

La démarche stratégique existe dans toutes les banques. Elle consiste à baliser l'avenir dans un environnement fortement concurrentiel. Elle est très souvent réalisée par des consultants externes en collaboration avec les cadres de la banque.
Après avoir défini la notion de stratégie, nous mettrons en lumière l'analyse et les choix stratégiques.

1. La notion de stratégie
Le terme de stratégie fut longtemps limité au domaine de l'armée (les militaires). Il désigne « l'art de préparer un plan de campagne, de diriger une armée sur les points décisifs, de reconnaître les points sur lesquels il faut dans les batailles porter les grandes masses de troupes pour assurer la victoire » (Dictionnaire Littré).

Le domaine de la stratégie est ainsi constitué par les batailles (concurrence) c'est-à-dire les situations dans lesquelles deux ou plusieurs banques s'affrontent pour un enjeu (les crédits immobiliers par exemple).

Ce qui nous amène à dire que la stratégie n'est pas uniquement réservée au domaine militaire, mais elle peut s'appliquer à toutes les situations de concurrences dans lesquelles deux ou plusieurs participants sont en rivalités sur un même domaine d'activité stratégique (DAS).

La stratégie bancaire a pour objet de déterminer les plans d'actions que la banque doit mettre en œuvre pour élaborer une bonne politique stratégique, qui lui permettra de s'imposer pendant longtemps sur les autres banques.

C'est ce qui va nous amener à expliquer comment on passe de l'analyse au diagnostic stratégique qui est un préalable pour l'élaboration d'une bonne politique stratégique et par ricochet opérer des choix et mouvements stratégiques.

2. Le diagnostic stratégique

Il est une étape essentielle dans le choix de la stratégie. Préalable à tout processus de décision. Il permet à la banque de mieux se connaître, d'identifier ses compétences, de percevoir et de comprendre son environnement, de mettre à jour des opportunités de développement, de définir et d'évaluer les différentes options d'une stratégie qui s'offre à elle.

Dans la pratique, le diagnostic stratégique se décompose en deux parties. L'une concerne plus particulièrement l'environnement et l'autre l'organisation elle-même.

Le diagnostic de l'environnement s'apparente à un audit externe, c'est-à-dire une analyse exhaustive du secteur bancaire qui permettra à la banque de déterminer les opportunités et menaces de son environnement immédiat et plus largement sa situation dans son secteur d'activité.

Le second diagnostic est assimilable à un audit interne, il s'attache donc à étudier à partir des différents diagnostics structurels, culturels, organisationnels et financiers, les forces et les faiblesses de l'entreprise, ses compétences et ses capacités.

Au terme de ce diagnostic, la banque peut se fixer des objectifs (ou modifier ceux qui ont déclenché la réflexion), de définir ses orientations stratégiques et choisir la stratégie qui lui permettra d'atteindre son but.

La figure suivante donne le schéma à suivre pour passer de l'analyse au diagnostic stratégique.

Figure 6: De l'analyse au diagnostic stratégique

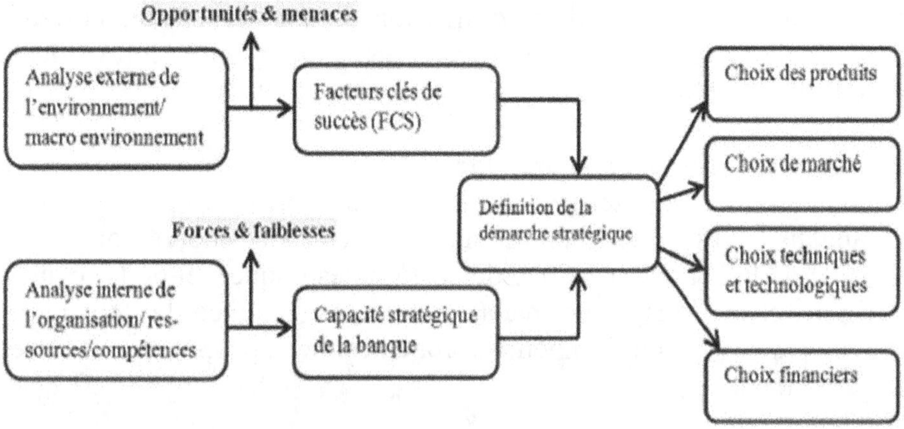

Par exemple, dans le domaine bancaire, il existe plusieurs Facteurs Clés de Succès (FCS) notamment : la connaissance du marché bancaire, la maîtrise des frais généraux, l'innovation technologique, la compétence marketing & commerciale.

2.1. L'analyse externe du macro environnement

L'un des principes de la stratégie bancaire est de bien analyser l'environnement dans lequel la banque évolue. La démarche stratégique de la banque doit, en effet, être orientée par les multiples déterminants son environnement.

L'environnement bancaire peut être également abordé de façon étroite. Il s'agit alors pour la banque d'analyser son marché, ses clients, ses concurrents. Mais on peut aussi adopter une perspective plus large intégrant des éléments économiques, juridiques, fiscaux, sociologiques, démographiques etc.

Par exemple, dans le chapitre introductif, nous avons fait un éclairage sur le secteur bancaire de la zone Uemoa. Tous les éléments qui y sont traités peuvent figurer dans l'analyse externe du macro environnement de la banque.

2.2. L'analyse interne de l'organisation et des ressources

L'analyse interne de l'organisation et des ressources passe par une analyse de l'existant à deux dimensions : une dimension horizontale liée à l'organisation et aux ressources ; et une dimension verticale avec l'identification des métiers.

2.2.1 L'organisation et les ressources

L'analyse doit s'orienter sur la culture d'entreprise (corporate culture en anglais)[55]. Les éléments comme le partage de valeurs communes (finalité de la banque, pratique de gestion des risques, et de la relation clientèle, etc.) ; le style de management ; la cohérence de la banque ; et l'adaptation à l'environnement concurrentiel doivent être analysés en profondeur.

2.2.2 L'identification des métiers de la banque

Le métier de l'entreprise se définit comme l'ensemble des activités dans lesquelles elle possède une compétence distinctive lui conférant un avantage concurrentiel.

La compétence distinctive résulte du potentiel (technique, humain, commercial, financier) de ressources de l'entreprise ; elles lui permettent de faire des produits ou de vendre des services différents de ceux des autres firmes ou avec une meilleure productivité. Elle repose sur le savoir spécifique de l'entreprise.

---

[55]G. Rocher définit la culture comme « *un ensemble lié de manières de penser, de sentir et d'agir plus ou moins formalisées qui, étant apprises et partagées par une pluralité de personnes, servent objectivement et symboliquement à constituer les personnes en une collectivité particulière et distinctive* ».
Schein définit de façon plus spécifique la culture d'entreprise comme l'ensemble des hypothèses fondamentales qu'un groupe donné a inventé, découvert ou constitué en apprenant à résoudre ses problèmes d'adaptation à son environnement et d'intégration.
La définition de Schein fait ressortir les deux objectifs « organisationnels » de la culture d'entreprise :

- Assurer la cohérence du groupe en améliorant notamment la communication (accent sur le partage de valeurs communes au lieu d'insister sur les divergences d'intérêts) ;
- Améliorer l'adaptation à l'environnement pour assurer la survie du groupe, notamment en constituant un groupe plus soudé et en réagissant plus vite aux aléas grâce à une vision commune de l'avenir.

Dans le domaine de la banque par exemple, UBA (Unite Bank of Africa) possède une compétence distinctive acquise à travers l'expérience que la banque a dans sa forte implication dans la niche d'activité « private banking (banque privée ou des fortunés) » ainsi que l'importance de son réseau à l'international.

En clair, c'est en fonction de son métier que l'entreprise va définir ses objectifs.

Concernant la banque, l'identification des métiers passe par la segmentation stratégique pour constituer le portefeuille d'activités de la banque (marchés, clientèle) en liaison avec le cycle de vie des produits.

Le cycle de vie du produit

Le cycle de vie du produit permet de déceler différentes phases de la vie économique de tout bien (les investissements nécessaires, la trésorerie, la rentabilité, l'évolution du chiffre d'affaires, l'intensité de la concurrence). On distingue les phases suivantes : le lancement ; le développement ; la maturité ; et le déclin.

Figure 7: Le cycle de vie du produit et la matrice BCG

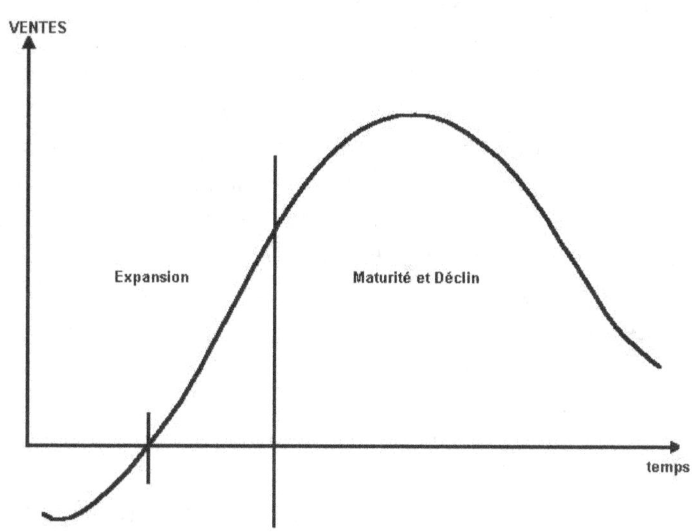

Dynamisme du marché	**Élevé**	**Faible**
Position concurrentielle	**1** forte	**2** forte
	3 faible	**4** faible

Croissance du marché	**Forte**	**1**vedette	**3**dilemme
	Faible	**2**vacheàlait	**4**poidsmort
		forte	**faible**
Part de marché (par rapport au concurrent principal)			

Source : Michel MARCHESNAY, Management stratégique, Les Editions de l'ADREG, mai 2004.

.**Explications des différentes phases** :

❖ Le lancement

Dans une première phase de lancement postérieure aux travaux de recherches développement qui ont permis la mise au point du produit (mise au point technique et commercial), les ventes sont très faibles et ne couvrent pas les coûts nécessaires à la production.

Par ailleurs les investissements techniques (création des équipements) et commerciaux (publicité de lancement, promotion) destinés à faire connaître le produit et à créer un réseau commercial, sont élevés. Sur le plan financier, la trésorerie (solde des encaissements et des décaissements) est négative en raison de la lourdeur des dépenses d'investissements face à la légèreté des recettes provenant d'un faible chiffre d'affaires. Comme les coûts d'exploitation excèdent les recettes la rentabilité est négative.

❖ Le développement

Dans cette phase de développement, le marché du produit progresse rapidement car :

- Sa connaissance se généralise par la publicité, par l'extension de réseau de distribution et par la diffusion chez certains usagers.

- Des effets d'imitations apparaissent. L'effet d'imitation est le processus psychologique par lequel un individu acquiert un bien parce que ce dernier est déjà répandu dans certaines couches sociales. Ce comportement est dû soit à un souci de conformisme (avoir le même modèle de consommation que la catégorie sociale à laquelle on appartient), soit à un désir de différenciation (adopter le comportement d'une catégorie que l'on admire). L'effet d'imitation explique la création et le développement d'un grand nombre de marchés.
- La prévention à l'égard du produit nouveau se réduit ou disparaît au fur et à mesure de sa diffusion (effet d'accoutumance).

Au cours de la phase de développement, le chiffre d'affaires progresse rapidement que l'ensemble de l'économie, les investissements continuent à être importants, les coûts sont désormais couverts par les recettes. De ce fait, la rentabilité devient positive. Cependant, la trésorerie peut demeurer négative en raison de la poursuite des investissements. Le produit exige donc encore un financement extérieur à celui sécrétés par ses seules recettes.

❖ La maturité

A l'issue d'une période de temps variable selon la nature du produit, ce dernier rentre dans la phase de maturité caractérisée par un ralentissement de la croissance du chiffre d'affaires, les ventes n'augmentent plus en moyennes qu'au rythme de la croissance de l'ensemble de l'économie. Par ailleurs, une forte concurrence affecte le produit. Cette concurrence a deux origines distinctives :
- La concurrence directe des imitateurs du produit qui profitant de sa rentabilité, ont mis au point des produits voisins,
- La concurrence indirecte des produits de substitution née de l'évolution des techniques du fait des efforts de recherche et qui, mieux adaptés au marché qui a subi des transformations au cours du temps, éliminerons progressivement les produits voisins.

Au cours de cette troisième phase, la rentabilité du produit reste élevée mais tend à diminuer, par contre il dégage une trésorerie très importante, car les seuls investissements nécessaires, outre les investissements techniques de remplacement, sont les investissements nécessaires.

❖ Le déclin
La maturité précède la phase de déclin au cours de laquelle le produit est progressivement éliminé du marché, remplacé par d'autres biens mieux adaptés aux nouvelles caractéristiques de la demande. Le chiffre d'affaires se réduit (taux de croissance négatif) du fait de la réduction des quantités vendues et de la baisse des prix rendue nécessaire par la pression concurrentielle. Tout investissement nouveau doit être abandonné et certains désinvestissements (cession de matériel, non remplacement des équipements usagés ou reconversion). La trésorerie demeure positive. La rentabilité décline progressivement puis s'annule.

Chaque bien a un cycle de vie spécifique, sa longueur est très variable selon la nature du produit : très long pour l'acier, très bref pour les produits de mode.
Les diverses phases ont généralement des durées très différentes, elles sont les caractéristiques de chaque bien. D'une façon générale, l'accélération des changements économiques tend raccourcir :
- La phase de lancement,
- La durée totale du cycle de vie,

Enfin certains produits peuvent connaître des rajeunissements (bicyclette, moto, bateau à voile).

La segmentation stratégique
La segmentation stratégique consiste à un regroupement d'activités homogènes par rapport à des critères marchés, clientèle, technologie et produits. On parle alors de Domaine d'Activité Stratégique (DAS) ou de métiers.

Cette notion (DAP) concerne plusieurs activités impliquant des technologies, des produits, et des marchés différents. L'idée consiste à procéder à des regroupements d'activités en « domaines d'activités stratégiques » suffisamment homogènes pour qu'ils impliquent un même ensemble d'actions stratégiques. On parle alors de segmentation stratégique différente de la segmentation marketing (traitée dans la partie marketing bancaire) dont l'objectif est de faire des découpages liés aux couches de consommateurs visés (particuliers, entreprises, organismes et institutions).

On distingue trois grands métiers dans la banque notamment la force de vente, les métiers des traitements, et les fonctions support. Ces métiers se retrouvent de part et d'autre dans les trois pôles d'activités dans les grandes banques internationales : le pôle banque de réseau (ou banque de détail) ; le pôle banque de marché et d'investissement (ou banque de financement et d'investissement) ; enfin et le pôle gestion des actifs.

Par ailleurs, pour chaque segment stratégique, on peut établir une courbe d'expérience qui met en relation le coût unitaire de production et l'expérience de la production cumulée.

L'effet d'expérience en banque

L'effet d'expérience est le volume cumulé de la production depuis l'innovation des produits et services bancaires. Plus clairement le coût unitaire d'un produit, mesuré en unité monétaire constante diminue à chaque doublement de l'expérience. Il en découle un avantage important pour la banque en croissance du fait de la baisse du coût imputable à l'effet d'expérience. En effet, pour un produit donné, plus la croissance est rapide, plus l'expérience augmente. La courbe d'expérience est ainsi décroissante d'où le coût unitaire = fonction (expérience de la production cumulée).

L'écart séparant l'entreprise et ses concurrents en vitesse de croissance aboutit à une disparition des ressources financières à l'avantage du concurrent qui évolue le plus vite. Le supplément de ressources peut être affecté à la poursuite de la croissance dans le cadre d'une stratégie de redéploiement.

Naturellement, lorsqu'il y a double croissance :
- Croissance relative de l'entreprise par rapport à ses concurrents
- Croissance intrinsèque du marché
Les effets favorables sont renforcés.

Le portefeuille d'activité d'une banque

L'analyse du cycle de vie d'un produit a montré qu'il est nécessaire que la stratégie de la banque conduise à la définition d'un portefeuille d'activités équilibré entre ses divers produits situés à des phases différentes de leur cycle de vie.

Pour constituer son portefeuille d'activité, la banque doit se référer non seulement à la nature de ses produits et services mais aussi aux caractéristiques des marchés sur lesquels elle les commercialise. L'analyse stratégique doit donc identifier les couples produit-marché de la banque. On appelle domaine stratégique un couple produit-marché. Le portefeuille d'activité est donc constitué de l'ensemble des domaines stratégiques sur lesquels la banque a choisi d'être présente.

• *Identification des produits et services*

D'un point de vue stratégique un produit ou service ne se définit pas par ses caractéristiques techniques (composants, employés, mode de production adopté) mais en termes de satisfaction des besoins et de substitution entre biens c'est-à-dire par référence au marché et à la concurrence. L'analyse concurrentielle exige donc de considérer comme concurrent tous les substituables et non les seuls produits de même nature. Par exemple, en matière d'emballage l'aluminium, le plastique, et le verre sont des produits concurrents.

• *L'identification du marché*

La banque commercialise rarement son ou ses produits et services sur un marché unique. Elles s'adressent en fait à des catégories de clientèles différentes (particuliers ; entreprises ; institutions et organismes). On appelle segment commercial un marché constitué par l'ensemble de clients potentiels ayant des caractéristiques homogènes (ex : classe d'âge, de revenu, de milieu socioprofessionnel, de sexe).

Pour définir les divers segments du marché, la banque doit, parmi l'ensemble infini des caractéristiques des consommateurs potentiels, identifier les critères qui jouent un rôle dans le comportement d'achat. Ces caractéristiques sont des variables explicatives qui constituent des critères de segmentation. Les catégories de revenus par exemple, sont un critère de segmentation du marché de l'automobile, la voiture étant au moins autant un instrument de statut social (point de vue stratégique des besoins) qu'un moyen de transport individuel (point de vue technique). En matière de loisirs les classes d'âges constituent un critère pertinent de segmentation car « chaque âge à ses plaisirs, son esprit et ses mœurs ».

• *L'identification des domaines stratégiques*
Le croisement entre le critère du produit (usage satisfait par le bien) et le critère du marché (segment de clientèle) conduit à identifier les divers domaines auxquels la banque peut s'adresser.

De la même façon que l'on étudie le cycle de vie d'un produit on peut analyser le cycle de vie d'un domaine. Les divers segments de marché évoluent selon une dynamique propre. La plupart des produits bancaires (ex : découvert automatique ; sms banking ; etc.) se diffusent progressivement dans les divers segments du marché (par exemple chez les particuliers, puis chez les entreprises). Ils ont donc des cycles de vie décalés. Un produit peut être en phase maturité (ex : l'automobile dans les pays industriels) et en phase de lancement ou d'expansion sur d'autres segments (les pays en développement).

• *L'identification du portefeuille d'activité*
Il ne suffit pas d'analyser le produit et le marché pour le portefeuille d'activité couvert par la banque. Il est nécessaire d'évaluer ce portefeuille c'est-à-dire de mesurer le potentiel de contribution au produit net bancaire (PNB) et à la croissance de chaque domaine.

Le modèle BCG appliqué à la banque
Le Boston Consulting Group (B.C.G) a proposé une grille d'évaluation des activités fondées sur deux critères qui conditionnent la profitabilité d'un DAS (Domaine d'Activité Stratégique ou métier tout simplement) :
- La part du marché, qui révèle bien la position concurrentielle ;
- Le taux de croissance du marché, bon indicateur du développement potentiel du produit. Tous les produits de la banque sont donc placés sur l'un des quatre domaines d'activités stratégiques issus des croisements possibles de critères, l'objectif étant d'avoir un portefeuille équilibré, évoluant dans l'axe du succès.
- Taux de croissance du marché : [PNB (n) – PNB (n-1)]/PNB (n-1)
Part de marché relative: PNB de la banque /PNB des principaux concurrents
Le BCG appliqué à la banque conduit à distinguer l'équilibre du portefeuille d'activité. Cela exige la présence simultanée des produits dans les quatre domaines.

- Les vedettes garantissent le développement et la rentabilité à moyen terme par leur potentiel de croissance élevée. La banque doit, pour ces produits, chercher à renforcer sa position concurrentielle par une croissance plus forte que celle du marché, ce qui accroît sa part de marché.

- Les dilemmes assurent à long terme le renouvellement des produits et des marchés car ils incluent des produits d'avenir.

- Les vaches à lait assurent la rentabilité à court terme et fournissent les moyens (autofinancement) de financer la croissance future (développement des dilemmes et des vedettes).

- Les poids morts ne peuvent être invités car ils correspondent à la dernière phase du cycle de vie ; ils continuent à être rentable mais de façon décroissante et surtout ils immobilisent des ressources au détriment des domaines d'avenir ; l'entreprise doit donc définir à temps une stratégie de désengagement et de redéploiement progressive tenant compte des rigidités économiques (désinvestissement à réaliser) et sociales (reconversion du personnel, plan de réduction d'effectifs).

Figure 8: Exemple de BCG appliqué à une banque commerciale.

Croissance du marché	**Forte**	**1.les vedettes** ☞ *Crédits aux particuliers* ☞ *Crédits aux entreprises* ☞ *Crédits immobiliers*	**3.les dilemmes** ☞ *Internet banking* ☞ *Sms banking*
	Faible	**2.les vaches à lait** ☞ *DAV* ☞ *DAT* ☞ *Offres packagées* ☞ *Cartes monétiques*	**4.les poids morts** ☞ *Change manuel* ☞ *Location de coffre-fort*
		Forte	**Faible**
Part de marché (par rapport au concurrent principal)			

La matrice BCG a connu un grand succès car son application a été universelle, au cours des années 70 en Europe et aux Etats-Unis. En effet, le commissariat français au plan demanda une étude sur l'industrie française au cabinet BCG, afin de détecter ses « poids morts ». Le « modèle » BCG a donc servi de référence à maintes opérations de restructuration des grands groupes.

En plus du BCG, il existe d'autres grilles d'analyse stratégique :
1) La grille d'analyse du cabinet Mac Kinsey met en relation deux variables : la « valeur de l'activité » et la « position concurrentielle ».

2) La grille d'analyse du cabinet Arthur D. Little (ADL) met en relation la phase de cycle de vie de « l'activité » et la position concurrentielle.

En somme, « chaque grand cabinet de conseil en management a ses propres grilles, largement confidentielles, qui servent d'outils de formation de leurs propres conseillers, autant que d'instruments d'aide au diagnostic stratégique de leurs clients », dixit Michel Marchesnay, spécialiste en Management stratégique.

2.3Les forces concurrentielles du secteur bancaire

Le troisième volet du diagnostic stratégique consiste à traiter le champ concurrentiel. Pour ce faire, nous allons utiliser le modèle des cinq forces qui commandent la concurrence de l'économiste industriel M.E. Porter[56].

<u>Figure 9</u>: Les 5 forces qui commandent la concurrence selon Porter.

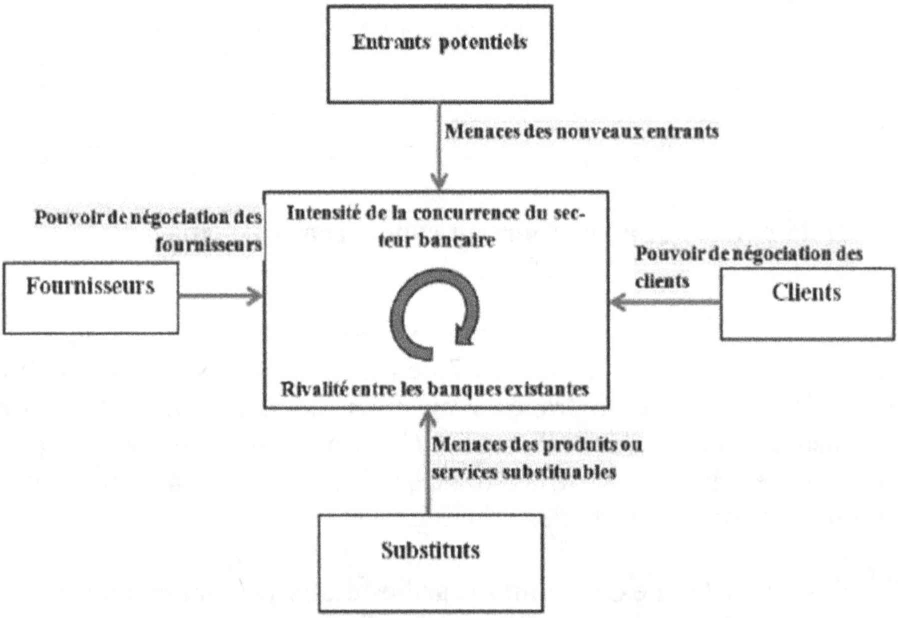

Source : Porter, 1986. Cité par Silvie de Coussergue, 2004.

Pour M. PORTER, l'état de la concurrence dans un secteur donné dépend de cinq forces fondamentales à savoir :

---

[56] Voir ouvrage : Avantage concurrentiel, Interéditions, paris, 1986.

2.3.1 La menace de nouveaux entrants

La menace des nouveaux entrants s'analyse par les barrières à l'entrée et les barrières à la sortie.

Les barrières à l'entrée sont :

☞ Les barrières règlementaires : obtention de l'agrément ou la licence universelle auprès de la Banque Centrale constitue la principale barrière à l'entrée (capital règlementaire très souvent élevé).

☞ Les économies d'échelle et de gamme : il y a économie d'échelle ou de dimension (*scale economy*) lors que les coûts décroissent au fur et à mesure de l'augmentation l'échelle de fabrication. Donc, les rendements sont croissants car les coûts augmentent moins vite que la production. Par ailleurs, les économies de gamme ou d'envergure ou de variété (*scope economy*) apparaissent lors que les coûts de production d'un ensemble de produits et services sont inférieurs à la somme des coûts individuels de chaque produit et service. Vu les politiques de ventes croisées (*crossselling*) à travers des offres packagées, la banque commerciale semble particulièrement concernée par les économies de gamme.

☞ Les barrières technologiques : l'activité bancaire demande des investissements lourds dans le SIB (Système d'Information Bancaire), et dans la monétique (les investissements dans l'interbancarité ne donnent pas d'avantage compétitif).

☞ Les barrières stratégiques liées au maillage du réseau des banques existantes : cela concerne l'implantation et le degré d'engagement des banques présentes à travers des réseaux plus denses, des dépenses publicitaires importantes et l'accès à des nouveaux canaux de distribution.

Les barrières à la sortie et coûts irrécupérables :

La notion de coûts irrécupérables nous renvoie à la théorie des marchés contestables[57] qui se focalise sur les coûts de sortie d'un marché au détriment des barrières à l'entrée. En effet, un marché est contestable si l'entrée est parfaitement libre et la sortie permet de récupérer tous les coûts.

---

[57] Baumol W., Panzar J., et Willig R., Contestable markets and the theory of industry structure.

Est-ce que le secteur bancaire de la zone Uemoa est contestable ? A cette question on peut répondre non. En effet, il existe des barrières à la sortie en zone Uemoa compte tenu de la faible profondeur du marché financier régional (MFR) dans lequel les opérations de titrisation[58] sont quasiment rares malgré l'existence d'un cadre règlementaire. Ainsi, les actifs à coûts irrécupérables élevés notamment les créances bancaires peuvent être assimilées à un investissement dont les chances de récupération ne sont pas tout fait certaines étant donné le fort degré des relations personnelles dans les opérations de crédit. Par conséquent, la banque de réseau est un métier difficilement pénétrable eu égard aux barrières à l'entrée et à la sortie.

2.3.2 Le pouvoir de négociation des clients et fournisseurs

Dans la banque de détail, le pouvoir de négociation des clients est faible compte tenu de leur *atomicité*. Toutefois, il existe des associations de consommateurs qui sont de plus en plus vigilants sur les tarifications des produits et services bancaires. Aussi, il important de souligner les clients VIP des banques commerciales qui bénéficient d'offres de conditions préférentielles et, par là même, la pression concurrentielle est entrain de pousser les taux débiteurs à la baisse tandis que les taux créditeurs augmentent, d'où le rétrécissement de la marge d'intermédiation bancaire.

Quant aux fournisseurs, ils contribuent faiblement aux charges d'exploitation bancaires qui sont en grande partie absorbées par les frais de personnel. Toutefois, les fournisseurs informatiques (SIB) et

---

[58] C'est une opération par laquelle un Fonds commun de titrisation de créances (FCTC) acquiert, soit directement auprès de tiers cédants, soit par l'intermédiaire d'un autre organisme habilité pour ce faire, des créances, ainsi que les sûretés, garanties et accessoires y afférents, en finançant cette acquisition par l'émission de titres négociables représentatifs desdites créances, dont la souscription et la détention est ouverte aux investisseurs qualifiés ou au public (Règlement n° 02/2010/CM/UEMOA). Pour approfondir ce point, voir l'ouvrage de Tidiani Sidibé, pratique de l'activité bancaire & financière en zone UEMOA, Harmattan, paris, avril 2016.

Par ailleurs, il existe, également, une autre technique financière de sortie des créances du bilan bancaire appelée la défaisance (defeasance). La défaisance, d'origine américaine, permet de faire sortir d'un bilan bancaire tant des créances que des dettes en les transmettant à un tiers appelé *Trust*, structure juridique plus souple les FCC mais n'existe pas pour le moment en droit communautaire UEMOA. A la différence de la titrisation, le *Trust* est créé et financé par la banque qui ainsi ne se débarrasse pas complètement du risque de contrepartie puisqu'elle détient les parts émises par le *Trust*.

monétiques bénéficient d'un certain pouvoir de négociation non négligeable.

2.3.3 La menace des produits de substitution

La menace des produits de substitution peut venir directement des institutions de micro finance (ou SFD : Systèmes Financiers Décentralisés) dont les tentations de stratégie *upscaling* (versus *downscaling)* sont très souvent fréquentes.
Effet, la stratégie *upscaling* consiste pour un SFD à servir les gros clients relevant de la capacité de financement d'une banque bien que l'originalité de la micro finance réside dans le financement des petits opérateurs, agriculteurs, éleveurs, artisans, etc. La stratégie contraire, celle de *downscaling* consiste pour une banque commerciale à concurrencer les institutions de micro finances dans le financement de leur clientèle de niche. Par conséquent, il en découle un *continium* de marché entre banque et institutions de micro finance (SFD).

2.3.4 La concurrence au sein du secteur bancaire

Le degré de rivalité entre les concurrents bancaires dépend du nombre de concurrents et de leur puissance relative, du taux de croissance du marché bancaire, des coûts fixes élevés, de la stratégie de domination par les prix ou de la stratégie de spécialisation, du degré d'engagement des concurrents, des conditions d'accroissement des capacités et des barrières à la mobilité (entrée et sortie). Il faut remarquer que contrairement aux entreprises classiques, les produits bancaires sont peu sujet à la différentiation (produits peu différentiables).
Enfin, l'analyse concurrentielle permet de déterminer les forces et les faiblesses des banques dans leur métier par rapport au cycle de vie du produit, et l'intérêt qu'une banque puise de l'expérience, et de l'économie d'échelle.

2.4. Les avantages concurrentiels

On parle d'avantage concurrentiel pour une banque commerciale dans le cas où elle arrive à créer plus de valeur que ses principaux concurrents dans un même environnement concurrentiel compte tenu de ses compétences intrinsèques (savoir-faire distinctif).

2.4.1 Les compétences dans l'exercice d'un métier bancaire

Le diagnostic des compétences doit permettre de faire ressortir les savoir-faire que notre banque commerciale possède vis-à-vis de ses concurrents potentiels. Pour ce faire, la chaîne de valeur[59] pourrait être un outil d'analyse approprié.

En effet, M. Porter montre qu'il faut analyser les activités de l'entreprise en interdépendance, le long d'une chaîne, pour déterminer la capacité de l'organisation à créer de la valeur que les clients percevront. M. Porter, dans son analyse, structure verticalement et horizontalement l'entreprise en activités toutes participantes au processus de transformation et de création de valeur.

Cette vision systémique des activités principales et des activités de soutien ne s'arrête pas à la frontière de l'entreprise. Dans son approche d'économiste industriel, M. Porter étend le concept de chaîne de valeur aux autres partenaires en amont et en aval des filières concomitantes à celle de l'entreprise. Il associe ainsi le concept de la chaîne de valeur avec les cinq forces de la concurrence.

Cette chaîne de valeur a été adaptée à la banque par Canal S J. dans son papier intitulé « *competitive strategies in European banking* », Clarendon Press, Oxford, 1993. Ce dernier a fait ressortir trois fonctions composant l'activité principale d'une banque : le drainage des ressources auprès du public; le marketing[60] et les services financiers. Les activités de soutien traditionnel sont l'infrastructure, la GRH, et le traitement des opérations bancaires.

---

[59] M. E. Porter, op. cit.

[60] Les sept (07) politiques marketings : politique de prix ; politique de communication ; politique de distribution ; politique de vente ; politique concurrentiel ; politique des procédures et politique de gestion des ressources humaines. Cf. stratégie marketing.

Figure 10: La chaîne de valeur d'une banque commerciale

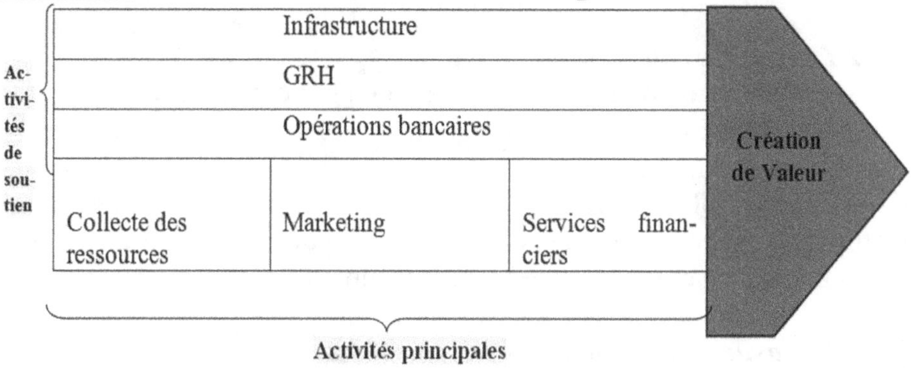

Source : Porter, op. cit.

Cette figure nous renseigne la complémentarité, et la synergie entre les activités qui s'enchaînent, d'où le nom chaîne de valeur (création de valeur perceptible).

Ainsi, nous voyons que l'analyse de la chaîne de valeur présente un intérêt stratégique. Il s'agit en effet de repérer les activités pour lesquelles la valeur perçue par le top management est forte. Il s'agit également de repérer les activités pour lesquelles la valeur relative est forte : celles pour lesquelles elle est aussi et même plus compétente que l'extérieur. Lorsque la valeur perçue est insuffisante, il faut renforcer l'activité ou au contraire l'abandonner, quitte à la faire faire à l'extérieur. Il en va de même si cette activité a une valeur relative faible (elle consomme relativement trop de ressources, et il serait moins coûteux de l'acquérir à l'extérieur). En clair, tout cela nous renvoie à un arbitrage entre « l'internalisation » et « l'externalisation » de certaines activités bancaires en tenant compte des calculs de rentabilité des centres de responsabilités. Par exemple, on peut partiellement externaliser la fonction recouvrement des créances.
Par ailleurs, la collecte de ressources est traditionnellement classée dans les compétences de base car difficile de mettre en place une vraie stratégie de différentiation. Par contre, pour le marketing et les services financiers feront partis des compétences distinctives. En effet, il est possible de mettre en place une vraie stratégie de différen-

tiation (nouveaux canaux de distribution, gestion de la relation client, maîtrise des frais généraux, etc.).

2.4.2 Les actifs stratégiques

Les actifs stratégiques sont des avantages concurrentiels qu'une banque acquiert dans son environnement concurrentiel à cause de sa spécialisation historique (agriculture, immobilier), de la règlementation bancaire (plan épargne logement commercialisé uniquement par les banques spécialisées dans l'immobilier par exemple) ou des barrières à la sortie et l'existence coûts irrécupérables.

2.4.3 Les avantages concurrentiels durables

Les avantages concurrentiels durables sont constitués principalement des compétences distinctives et des actifs stratégiques.
Toutefois, on peut citer d'autres types d'avantages concurrentiels :
☞ Les avantages concurrentiels liés à l'organisation : modes d'organisation (organigramme)
☞ Les avantages concurrentiels liés au système de production : maîtrise des processus
☞ Les avantages concurrentiels liés à la vente : politique de marketing communication, politique commerciale
☞ Les avantages concurrentiels liés à la taille et la croissance : recherche de taille critique par la croissance externe (fusions acquisitions ou M&A).

3. Les choix et mouvements stratégiques

La définition de la stratégie bancaire doit impérativement prendre en compte la formulation des objectifs stratégiques en termes de métier à exercer. Ce faisant, les mouvements stratégiques permettront d'atteindre ces objectifs compte des opportunités qu'offrent le marché bancaire.

3.1 Les objectifs stratégiques

La formulation des objectifs stratégiques consiste à effectuer un choix de métiers ainsi que ses modes d'exercice.

3.1.1 Le choix du métier

Le choix du métier au sein d'établissement bancaire doit obéir aux critères suivants :

☞ L'attractivité du marché relatif au métier
☞ L'adéquation des produits à vendre sur le segment de métier
☞ Les barrières à l'entrée et à la sortie
☞ L'intensité de la force concurrentielle
☞ La rentabilité des investissements
☞ Les compétences distinctives : les savoir faire
☞ Les actifs stratégiques

Dans la banque commerciale, les implications stratégiques après le choix d'un métier doivent être la croissance élevée des parts de marché comparativement à la performance globale ; le drainage des ressources à moindre coût ; et la construction d'une forte image de proximité.
Cependant, la banque commerciale peut abandonner un métier suite à une crise sectorielle ou des mauvaises rentabilités. Cette décision doit être murement réfléchie compte tenu des coûts irrécupérables.

3.1.2 Le mode d'exercice des métiers

Dans le domaine bancaire en zone Uemoa, on peut faire référence aux trois grands modes d'exercice de l'activité en l'occurrence la banque généraliste, la banque spécialiste ou l'établissement financier.

La banque généraliste également appelée banque universelle[61] a la possibilité d'exercer tous les métiers bancaires de façon simultanée. On parle de banque à tout faire ou banque multi spécialiste (par exemple : banque de détail ; banque de financement et d'investissement ; gestion d'actifs ; services financiers spécialisés).

Par contre, la banque spécialiste exerce très généralement un seul métier bancaire sur plusieurs marchés (par exemple : banque de détail). A cet égard, voyons en guise de rappel l'histoire des USA sur la séparation des métiers bancaires.

La loi McFadden Act aux USA en 1927 : la grande muraille de Chine
Le McFadden Act avait pour objectif de favoriser la compétition entre les banques nationales en interdisant spécifiquement la création de filiales bancaires interétatiques. Cette loi a été depuis amendée,

[61]Ce modèle de banque est hérité des allemands. La plus grande banque universelle, en 2008, est la Deutsche Bank.

notamment par le Riegle-Neal Act. Cette loi stipulait qu'une banque ne peut pas être présente dans plus de deux Etats à la fois. C'était la règlementation Q, un moyen efficace de réguler la concurrence afin qu'elle soit la plus saine possible.

La loi Glass-Steagall relative aux USA en 1933 : la séparation des métiers bancaires

La loi Glass-Steagall érige, en juin 1933, la distinction entre deux métiers bancaires :

✓ La banque de dépôt ou banque commerciale (*commercial banking*), c'est-à-dire les activités de prêts et de dépôts,

✓ La banque d'investissement (*investment banking*) ou banque d'affaires (à laquelle sont ajoutées les sociétés de bourse : les courtiers), c'est-à-dire les opérations sur titres et valeurs mobilières.

L'exercice simultané de ces métiers par une même entité est désormais déclaré incompatible : les banques existantes doivent choisir d'abandonner l'un des deux métiers.

L'adoption du Glass-Steagall Act a également permis la mise en place de la Règlementation Q (règlementation de la rémunération des dépôts afin d'éviter une concurrence acharnée entre les différents établissements bancaires).

Le Glass-Steagall Act a été abrogé le 12 novembre 1999 par le Financial Services Modernization Act, ce qui a permis désormais de proposer le service de banque universelle aux États-Unis.

En somme, le business model de banque universelle est souvent décrié et présenté comme responsable des dernières crises financières : en permettant d'injecter les sommes provenant de la finance réelle (argent des particuliers et entreprises) dans les activités spéculatives, il amplifierait les phénomènes de spéculations et surtout, mettrait en péril l'argent déposé par les épargnants, notamment en incitant ces derniers à retirer en masse leur épargne de leur banque lors de mouvements boursiers brusques. D'où la mise en place du dispositif prudentiel Bâle II/III visant à renforcer la résilience des banques par les exigences de fonds propres complémentaires.

3.1.3 L'externalisation des activités supports

Dans le cadre du pilotage pour la performance, une banque commerciale peut externaliser ou sous-traiter certaines de ses activités conformément à la règlementation. Il s'agit des activités support comme la maintenance informatique, le transport de fonds et valeurs, les services informatiques et monétiques, la confection des cartes monétiques, etc.
Le but devant conduire cette démarche d'externalisation pour une banque devra être la recherche d'une opération de recentrage sur ses métiers de base (*core business*) afin de réaliser des efficiences de coûts, les entreprises sous-traitantes produisant à un meilleur prix que la banque elle-même. Donc, la banque doit faire la distinction entre ses activités stratégiques et non stratégiques pour faire cet exercice.

3.2 Les mouvements stratégiques

Les mouvements stratégiques font référence à la recherche d'une taille critique qui constitue à la fois un avantage concurrentiel majeur et stratégique obtenu grâce à la croissance.
Les opérations de croissance peuvent être internes ou externes (fusions-acquisitions).

3.2.1 La croissance interne

La croissance interne est la principale source de développement des banques de la zone Uemoa. Elle consiste à agrandir la banque par l'augmentation de la taille du réseau des points de vente ou par la création de filiales ou succursales dans la zone. La banque augmente du coup sa capacité de production.
La banque peut également adopter une stratégie de diversification en ajoutant un nouveau métier à son portefeuille d'activité conformément à la règlementation en vigueur. L'accès à ce nouveau segment stratégique peut se faire par un développement « *from scratch*[62] » sur un marché bancaire étranger.
L'avantage de cette stratégie réside dans le développement de nouvelles opportunités de carrières pour le personnel en contrecarrant les difficultés organisationnelles et culturelles.

---

[62]Il s'agit d'un développement *ex nihilo* c'est à dire à partir de rien.

Toutefois, en Europe et aux USA la croissance interne n'est pas le mode de développement privilégié par les banques. Elles font recours à la croissance externe.

3.2.2 La croissance externe

La croissance fait référence aux opérations de fusions-acquisitions ou M&A qui consiste à acheter ou prendre le contrôle d'une société pour y intégrer sa stratégie industrielle ou son business model.
Ces opérations font l'objet de montages juridico-financiers en vue d'accroître les efficiences du groupe bancaire (coût, revenu).
La croissance externe offre, également, la possibilité d'un développement *from scratch* pour accéder à un nouveau marché. Son avantage réside dans la recherche d'une certaine synergie (par exemple : 2+2= 5 !) afin d'avoir des économies d'échelle et augmenter la performance globale du groupe bancaire.

3.2.3 Les alliances stratégiques

Les alliances stratégiques sont des formes d'accords de coopérations entre les acteurs du secteur bancaire en vue d'accéder à un nouveau marché ou d'y prendre des participations croisées. Par exemple, pour réussir un projet spécifique, deux ou plusieurs banques peuvent coordonner leurs compétences et moyens et ressources qui y sont affectés. Cela permet aux banques de maîtriser les coûts du projet tout en gardant leur autonomie dans la formulation de leur stratégie.

II. Le marketing bancaire

« Le but du marketing est de connaitre et de comprendre le client de façon telle que le produit ou service s'adapte et se vende par lui-même. L'objectif est de rendre la vente inutile. Il n'y a qu'une définition valide de l'objectif en affaires : Créer le client. De ce fait, chaque entreprise a deux et seulement deux fonctions basiques : le marketing et l'innovation ... Le Marketing est tellement basique qu'il ne suffit pas d'avoir un solide département des ventes et de lui assigner le domaine du marketing. Le marketing représente beaucoup plus que la vente et n'est pas du tout une activité particulière : C'est une activité qui considère l'activité d'affaires comme un tout, appréhendé du point de vue de son résultat final à savoir le point de vue du consommateur. La préoccupation et la responsabilité de la sphère marketing doivent être diffusées dans l'ensemble des secteurs de l'entreprise » Peter Drucker et le marketing dans *Management,* 1973, p. 64.

Cette vision de Peter Drucker est également partagée par beaucoup de spécialistes en la matière tels que Silvie de Coussergue (Gestion de la banque, Dunod, Paris 2005), et Zollinger & Lamarque (Marketing et stratégie de la banque, Dunod, Paris 2004).

C'est une définition qui sied très bien avec la place de la fonction marketing dans une banque. Elle montre que le Marketing est totalement intégré dans la gestion d'une banque.

Après avoir fait passer au crible le PMS (Plan Marketing Stratégique), nous analyserons ensuite dans la même veine le PAC (Plan d'Action Commercial).

1. Le plan Marketing Stratégique (PMS)

1.1 Définition

Le PMS définit les grandes orientations stratégiques ou les grands axes de développement à moyen ou long termes.

Le PMS consiste à une analyse des données internes et externes (forces, faiblesses, menaces et opportunités) en vue de connaître le marché et ses besoins.

Le PMS dans une industrie bancaire est un processus d'anticipation des changements de l'environnement afin d'orienter les activités.

La planification marketing peut varier d'une période d'un an à trois ans avec des objectifs marketing clairement définis à tous les niveaux de la procédure de planification, c'est-à-dire pour l'ensemble de l'entreprise et pour chacun des segments ciblés.

Enfin, le PMS s'inscrit dans la stratégie de l'entreprise qui recouvre les choix fondamentaux d'allocation de ressources pour atteindre les objectifs et se pérenniser.

1.2 Les étapes d'un Plan Marketing Stratégique (PMS)

Les enchaînements logiques d'un PMS se présentent ci-dessous :

Figure 11: L'arbre du Plan Marketing Stratégique

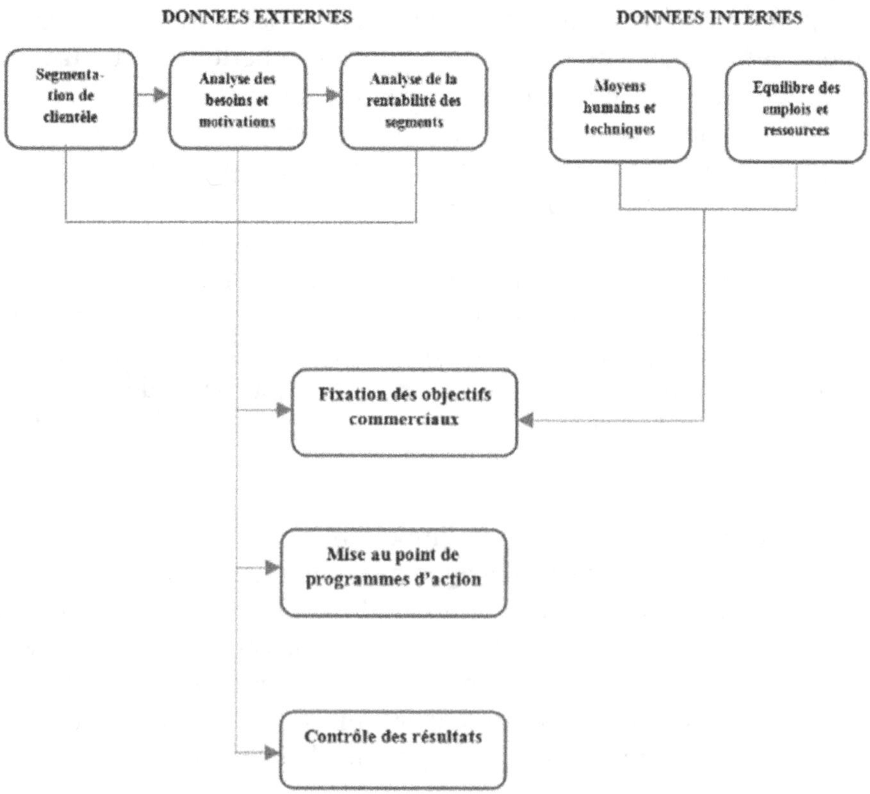

Source : Silvie de Coussergue, gestion de la banque, dunod, paris 2005.

1.2.1 L'analyse des données externes

Cette analyse a pour objectif de bien comprendre le fonctionnement du marché bancaire dans le but de faire une segmentation adéquate, l'analyse des besoins et motivations de chaque segment ainsi que leurs rentabilités respectives. Avant de voir ces points, voyons d'abord le fichier de la relation clientèle.

☞ *Le fichier clientèle instrument de gestion de la relation client*

L'organisation du système d'information bancaire incluant le système des gestionnaires de comptes par segment reposent sur un fichier clientèle bien élaboré pour mieux aborder le marché de la compétition.

Cela suppose une bonne connaissance des clients de la banque. En effet, la banque peut se recentrer sur une approche connaissance clientèle plus poussée et plus approfondie. Elle doit pouvoir améliorer sa capacité de traitement des informations clientèles à travers le regroupement des données clientèles au sein d'un répertoire centralisé. Ce dernier devrait être en accès libre sur un logiciel bancaire de type CRM (Customer Relationship Management) sous la forme d'une vue partagée à 360° afin d'éviter les pertes d'information d'un service à un autre et d'une direction à une autre.

En clair, d'un côté, la banque devrait procéder à une segmentation idoine et optimale de ses clients. Il s'agit de fidéliser les meilleurs clients en leur apportant plus d'attention. A cet égard, la règle des 20/80 s'avère être appropriée en la matière c'est-à-dire de concentrer les 80% de ses efforts sur les 20% des clients constituant les meilleurs clients des clients[63].

En revanche, de l'autre côté, l'impératif de gestion du risque en l'occurrence, le credit risk management devrait, également être, renforcé en faisant un encadrement du crédit dans un esprit de discernement. L'évaluation du risque de crédit passe par une analyse poussée à travers tout le cycle de vie du prêt jusqu'au remboursement définitif ou aux recouvrements et à la récupération. Celle-ci suppose une très bonne prise de garantie à tous les segments de la clientèle.

☞ *Segmentation de la clientèle*
Dans un univers de clients hétérogènes, la segmentation s'avère être une bonne technique d'approche du marché concurrentiel dans le cadre de la mise en place des actions commerciales d'ensemble ou ciblées et de réaliser le suivi de ces actions.

Elle est une technique qui permet de regrouper tous les éléments d'une population en catégories homogènes vis-à-vis d'un critère donné, dans le souci de faire apparaître au sein de la population considérée des

---

[63]A ce niveau on parle de diagramme de PARETO ou loi des 20/80 : cette loi est utilisée dans l'organisation et la gestion temps c'est-à-dire 20% de nos activités font 80% de notre réussite. Nous sommes jugés sur elle surtout et non sur tout. Par conséquent, une nécessité s'impose au directeur d'agence, connaître leurs activités à haut rendement pour ne pas gaspiller leurs énergies.

différences significatives d'une catégorie à l'autre, différences qui rendront possibles l'application d'une politique commerciale spécifique.

La présente segmentation ci-après prend en compte la plaquette BCEAO (Banque Centrale des Etats d'Afrique de l'Ouest) de la catégorie d'agents économiques.
Il existe plusieurs critères de segmentation : taille, secteur d'activité, revenu, comportement, etc.

Toutefois, on retrouve généralement trois (03) catégories de segments dans le secteur bancaire : les particuliers ; les corporates & professionnels ; les organismes & institutions.

✓ *Segment des particuliers*
Par ailleurs, on entend par segment des particuliers, le marché de la clientèle « particuliers » dans les relations d'affaires de la banque. Selon la plaquette des catégories d'agent économique de la BCEAO, ceux-ci concernent : les salariés et pensionnaires des secteurs public et privé ; les personnes physiques non salariées n'exerçant pas une activité commerciale ; les mineurs inférieurs à 18 ans ; les clients de passage et la diaspora.

✓ *Segment des entreprises& professionnels*
En outre, on entend par segment des entreprises, le marché de la clientèle « entreprises & professionnels » dans les relations d'affaires de la banque. Selon la plaquette des catégories d'agent économique de la banque centrale, ceux-ci concernent :

• Corporates (BTP ; mines ; télécommunications ; hôtellerie ; industries ; électricité ; commerce ; Pétrole ; négoce international ; agriculture ; élevage ; agro-industrie ; etc.) :
  - Micro et Petite entreprises (MPE)
  - PME/PMI (Petite et Moyenne Entreprise/Industrie)
  - Grandes entreprises

• Professionnels (entreprises individuelles)
  - Commerçants (détaillants ; grossistes ; etc.)

- Professions libérales (Pharmacie ; Clinique; avocats ; huissiers ; notaires ; experts comptables ; etc.)

- Autres : courtiers en assurance ; transitaires ; exploitants agricoles ; artisans ; écoles privées sous forme d'entreprise individuelle ; personnes physiques exerçant une activité commerciale etc.

✓ *Segment des organismes & institutions*

- Organismes
  - Organismes publics (Trésor, Douane, Impôts, etc.)
  - Collectivités territoriales
  - Entreprises publiques (EPIC -Etablissement Public à caractère Industriel et Commercial ; EPA- Etablissement Public à caractère Administratif; etc.)

- Institutions
  - Projets/programmes (PNUD ; UNICEF ; USAID ; AFD ; FIDA ; etc.)
  - Ambassades
  - Banques
  - Sociétés financières

- Coopératives et groupements villageois
  - Groupements villageois
  - Coopératives de production ou de consommation
  - Institutions financières mutualistes ou coopératives d'épargne et de crédit
  - Clubs d'épargne et de crédit

- Divers
  - Cultes et communautés religieuses
  - Partis politiques
  - Syndicats de travailleurs
  - Amicales
  - Associations et organisations non gouvernementales
  - Fondations

• GIE

☞*L'analyse des besoins et motivations des différents segments*
Le tableau suivant donne une illustration de l'analyse des besoins et motivations des différents segments.

Tableau 9 : Besoins et motivations par segment

Segments	Besoins & Motivations
Le Segment de marché des particuliers ☞ Salariés/pensionnaires secteurs privés ☞ Salariés/pensionnaires secteurs publics ☞ Personnes physiques (non-salariés n'exerçant pas une activité commerciale) ☞ Clients de passage ☞ Diaspora	**Besoins** ☞ Tension de trésorerie souvent en fin de mois ☞ Epargne ☞ Equipement ☞ Acquisition de véhicules ☞ Acquisition de terrain et/ou logement ☞ Prêts évènementiels ☞ Financement études des enfants **Motivations** ☞ Rapidité des opérations de guichet ☞ Rapidité d'octroi des prêts ☞ Taux d'intérêt attractif ☞ Durée des prêts ☞ Rachat de prêts ☞ Etendue du réseau de la banque (proximité) ☞ Disponibilité de carnet de Chèque, de carte magnétique et des GAB ☞ Disponibilité et professionnalisme ☞ Gestionnaire de compte
Le segment de marché des Corporates et Professionnels • Corporates (BTP ; mines ; télécommunications ; hôtellerie ; industries ; électricité ; commerce ; Pétrole ; négoce international ; agriculture ; élevage ;	**Besoins** ☞ Financement de marchés ☞ Financement des investissements ☞ Autres financements : équipements ; cautions ; partenariat FGSP ; Fonds de roulement des investissements ; etc. ☞ Tensions de trésorerie ☞ Constitution de DAT

agro-industrie ; etc.) i. Micro et Petite entreprises (MPE) ii. PME/PMI (Petite et Moyenne Entreprise/Industrie) iii. Grandes entreprises • Professionnels (entreprises individuelles) i. Commerçants (détaillants ; grossistes ; etc.) ii. Professions libérales (Pharmacie ; Clinique; avocats ; huissiers ; notaires ; experts comptables ; etc.) iii. Autres : courtiers en assurance ; transitaires ; exploitants agricoles ; artisans ; écoles privées sous forme d'entreprise individuelle ; personnes physiques exerçant une activité commerciale etc. **NB :** Si le client est une société ; à remonter au niveau des corporates	**Motivations** ☞ Grande Réactivité ☞ Conditions de banque attrayantes ☞ Etendue du réseau de la banque (proximité/réseau des correspondants) ☞ Disponibilité et professionnalisme ☞ Gestionnaire de compte
Le segment des organismes et institutions • Organismes i. Organismes publics (Trésor, Douane, Impôts, etc.) ii. Collectivités territoriales iii. Entreprises publiques (EPIC - Etablissement Public à caractère Industriel et Commercial ; EPA- Etablissement Public à caractère Administratif; etc.) • Institutions i. Projets/programmes ii. Ambassades iii. Banques iv. Sociétés financières	**Besoins** ☞ Offre de conditions préférentielles ☞ Financements des investissements **Motivations** ☞ Grande réactivité ☞ Gestion des DAT ☞ Etendue du réseau de la banque (proximité) ☞ Disponibilité et professionnalisme ☞ Gestionnaires de compte ☞ Attractivité des conditions de banque

• Coopératives et groupements villageois i. Groupement villageois ii. Coopératives de production ou de consommation iii. Institutions financières mutualistes ou coopératives d'épargne et de crédit iv. Pré coopératives v. Clubs d'épargne et de crédit • Divers i. Cultes et communautés religieuses ii. Partis politiques iii. Syndicat de travailleurs iv. Amicales v. Associations et organisations non gouvernementales vi. Fondations vii. GIE	

Source : Plaquette des catégories d'agents économiques (BCEAO).

☞*L'analyse de rentabilité des segments*

L'analyse de rentabilité des segments (particuliers, entreprises & professionnels, organismes & institutions) peut se faire à partir de statistiques gérées par le SIB (Système d'Information Bancaire). En clair, il s'agit d'analyser la structure du produit net bancaire (intérêts et commissions) pour voir d'une part le segment le plus rentable et d'autre part comprendre la dynamique des intérêts et commissions par segment. Cela permet d'affiner le plan d'action commercial.

Aussi, on peut aller jusqu'à la rentabilité par client dans un segment donné. Le tableau ci-après en donne une illustration de cette rentabilité. Elle peut, bien évidemment, être générée par le SIB.

Tableau 10 : Analyse de la rentabilité par client

Date : **Nom du client** : **Numéro de compte** : **Solde réel du compte** : **Autres sociétés** :	
Rubriques	**Période x à z**
Total Intérêts perçus	
Total Commissions perçues	
Nombre Total de concours accordés	
Montant Total engagements par signature	
Montant Total engagements directs	
Total Impayés	
Convention de Compte courant (garantie)	
Solde débiteur moyen	
Solde créditeur moyen	
Plus fort solde débiteur	
Plus fort solde créditeur	
Total Déposit	
DAT (Dépôt à terme)	

Mouvements créditeurs cumulés 6 mois	
Mouvements créditeurs cumulés 1 année	
Description de la relation 1- Points de difficulté : 2- Points à renforcer : 3- Garanties :	

1.2.2 L'analyse des données internes

☞ *Les moyens humains et techniques*
« *Il n'y a ni richesse ni force que d'hommes* » disait l'économiste français, Jean Bodin (1529-1596)[64]. La réussite du Plan Marketing Stratégique (PMS) dépend avant tout de la qualité des ressources humaines disponibles ainsi que les moyens techniques mis à la disposition pour l'atteinte des objectifs fixés (il faut avoir les moyens de sa politique, aime-t-on dire très souvent).

Quant aux moyens humains, une vraie politique de gestion des ressources humaines doit être mise en œuvre dans le réseau de la banque. Cette politique doit s'articuler autour des valeurs ci-après :

➢ Le développement des potentiels : construire une équipe qui gagne. Pour ce faire il faut :

[64]Cet aphorisme est tiré du livre de Jean Bodin, les Six Livres de la Républiques, paris l'an 1576 chez Jacques du Puys. Il est extrait du livre V, chapitre II : *les moyens de remédier aux changements des Républiques, qui adviennent pour les richesses excessives des uns, et pauvreté extrême des autres.*

✓ Un challenge collectif autour d'un projet commun
✓ La motivation et la mobilisation de toute l'équipe commerciale derrière le projet collectif
✓ L'acceptation d'une coordination par l'instauration d'une autorité et un leadership avéré
✓ Le partage des valeurs et des règles du jeu par toute l'équipe
✓ Une meilleure répartition des objectifs, des activités, et des responsabilités
✓ Une complémentarité des fonctions
✓ Une homogénéité des procédures
✓ Une polyvalence sur les activités courantes
✓ Une confiance mutuelle
✓ Une communication ascendante et descendante de l'information au temps opportun.

➢ Les leviers du management commercial

✓ L'esprit d'équipe : fédérer l'équipe autour d'objectifs communs basés sur des valeurs de solidarité, de respect, de communication, etc.
✓ La motivation : créer une énergie positive pour nourrir l'ambition et l'envie
✓ L'accompagnement : tous les collaborateurs doivent bénéficier de formations, de partage d'expériences, et d'une bonne organisation
✓ L'exemplarité : ce point est très important, il s'agit de montrer la voie et l'exemple c'est-à-dire être un leader en un mot.

Quant aux moyens techniques, cela suppose une bonne organisation matérielle et logistique. En effet, le réseau doit bénéficier de tous les moyens techniques adéquats (véhicules, téléphones, internet, équipements, etc.) pour mener à bien sa mission et atteindre les objectifs fixés. Toutefois, le top management de la banque veille quand même à un équilibre des emplois et des ressources.

☞ *L'équilibre des emplois et des ressources*
Ce point entre dans la fonction de contrôle de gestion bancaire. Il s'agit de mettre en place une bonne politique ALM (Assets and Libilities Management ou gestion des actifs/passifs) pour éviter, par exemple, de déraper dans trop d'emplois sans ressources correspon-

dantes ou vice versa. C'est une optimisation dans l'utilisation des emplois et des ressources[65].

Mettons en exergue le passage du PMS au PAC c'est-à-dire de la stratégie à l'opérationnel.

2. Le passage du PMS au PAC

C'est le passage de la stratégie à l'action ou le passage de l'abstrait au concret. Pour ce faire trois (03) phases se dégagent : une phase de diagnostic ; une phase de prévision ; et une phase d'allocation des ressources de la procédure budgétaire.

2.1 La phase de diagnostic : l'analyse SWOT

Cette phase met en évidence, à partir de l'analyse de la matrice SWOT (Strenghs Weaknesses Opportunities and Threats), les forces (Strenghs) et faiblesses (weaknesses) ainsi que les menaces (threats) et opportunités (opportunities). Ainsi, le diagnostic interne concerne les forces et faiblesses tandis que le diagnostic externe s'assimile aux opportunités et menaces.

Cette analyse privilégie un ajustement de la stratégie de la banque à travers son environnement.

La construction de la matrice SWOT se présente comme suit :

[65]A ce niveau, on dit très souvent que les crédits font les dépôts et les dépôts font les crédits. Toutefois, dans les banques l'accent est beaucoup plus mis sur la collecte de ressources pour espérer faire plus d'emplois.

Tableau 11 : La construction de la matrice SWOT

DIAGNOSTIC INTERNE	FORCES (STRENGTHS) **Les atouts de la banque :** ✓ Son image ✓ Sa notoriété ✓ Ses implantations ✓ Sa solidité financière ✓ Etc.	FAIBLESSES (WEAKNESSES) **Les handicaps de la banque :** ✓ Son offre ✓ Sa technologie ✓ Ses coûts de fonctionnement ✓ Sa rentabilité ✓ Etc.
DIAGNOSTIC EXTERNE	OPPORTUNITES (OPPORTUNITIES) **Les évolutions qui s'imposent :** ✓ Evolution du marché actuel ✓ Emergence de nouveaux marchés ✓ Nouvelles technologies ✓ Etc.	MENACES (THREATS) **Les contraintes impossibles à modifier :** ✓ Situation géographique ✓ Règlementation ✓ Conjoncture économique ✓ concurrence ✓ Etc.

2.2 La phase de prévision : faisabilité et marketing mix

2.2.1 La faisabilité

A partir du diagnostic de la matrice SWOT, il s'agit de définir les objectifs ainsi que les moyens et actions à mettre en place. La figure suivante montre les enchaînements logiques.

Figure 12: La faisabilité de l'analyse SWOT

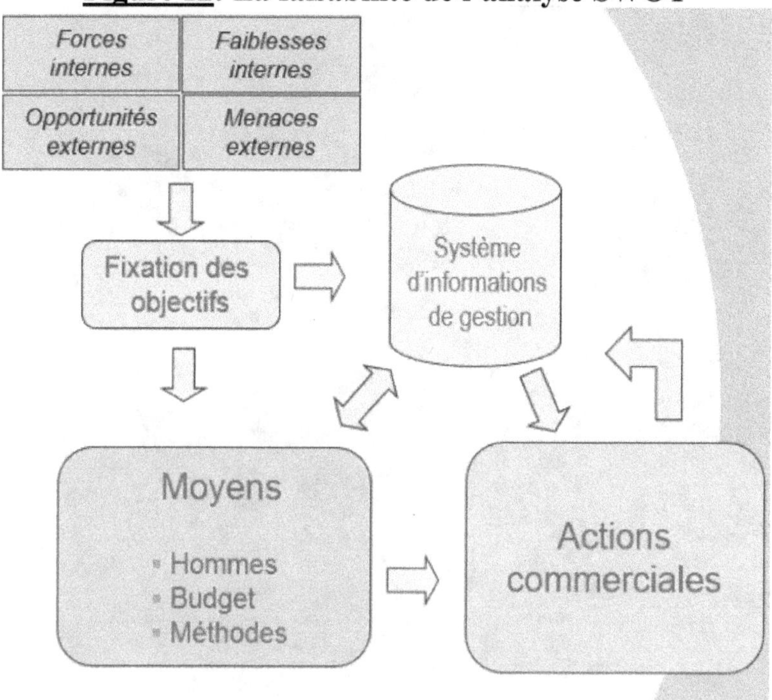

Source : Yvonne ABIDRI

2.2.2 L'optimisation du marketing mix

La banque doit pouvoir intelligemment coordonner les sept (07) politiques marketings : politique de prix ; politique de communication ; politique de distribution ; politique de vente ; politique concurrentiel ; politique des procédures et politique de gestion des ressources humaines.

<u>Figure 13</u>: Les 7 P du marketing mix

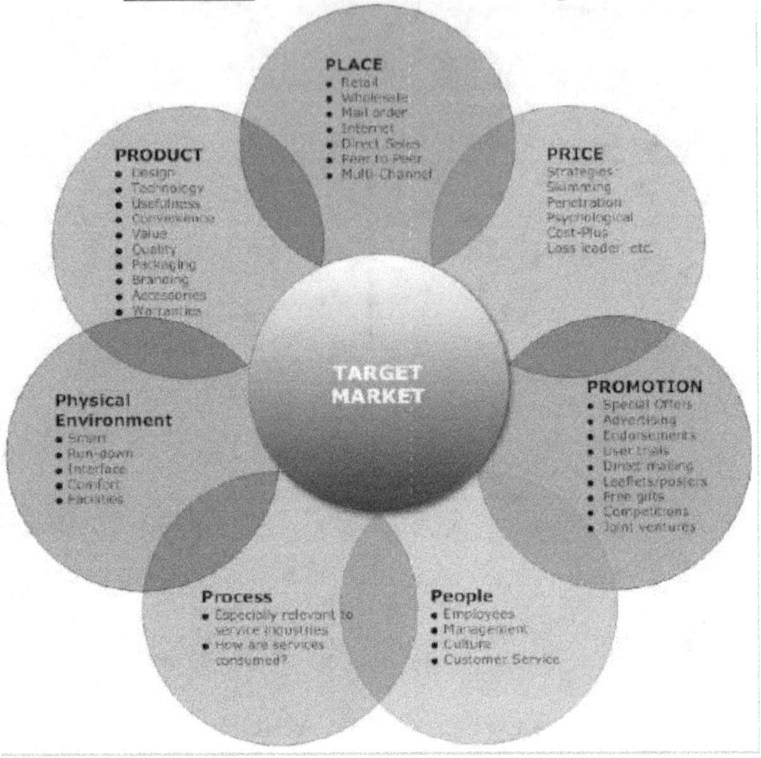

2.3 La phase de procédure budgétaire

La mise en œuvre des objectifs s'accompagnent de compte d'exploitation prévisionnel (banque ou agence) faisant ressortir du côté des produits, le nombre d'unités à vendre et du côté des charges, les coûts liés à l'exploitation. Ce tableau devra, également, mettre en relief le PNB (Produit Net Bancaire) prévisionnel c'est-à-dire la marge d'intermédiation et l'impact des commissions ainsi que le coût du risque.

C'est pourquoi la phase de procédure budgétaire est importante car elle fait ressortir, trimestriellement et annuellement, par ligne de produit, le prévisionnel, le réalisé et les écarts. A ce titre, le contrôle de gestion participe activement à la procédure budgétaire (formalisation des objectifs, consolidation pré budget transmis par les centres de responsabilités, navettes budgétaires, le suivi et les révisions budgétaires).

Une fois validé, avec ou sans arbitrages, le budget devient un véritable outil de référence pour la planification des actions commerciales et l'allocation des ressources.

3. Le Plan d'action commercial d'une agence (PAC agence)

3.1 Définition

Le PAC agence découle du PMS et met en exergue la décomposition et l'ordonnancement des actions suivantes : les objectifs recherchés, les cibles, les produits, les actions commerciales, les moyens, la communication, les acteurs, la période, le chiffrage et les indicateurs.

Le PAC sert à planifier les actions futures et constitue un outil de pilotage commercial par excellence d'une agence bancaire.

3.2 La mise en œuvre du PAC agence

La démarche de mise en œuvre du PAC agence peut être synthétisée en 10 étapes qui présentent comme suit :

1) Connaître son agence dans son périmètre d'exploitation
2) Anticiper les actions et les formaliser
3) Relier les actions aux orientations stratégiques
4) Fixer des objectifs ambitieux mais réalisables (SMART)
5) Communiquer le PAC
6) Négocier les objectifs avec chacun de ses collaborateurs
7) Prévoir les points d'avancement et résultats intermédiaires attendus
8) Communiquer régulièrement les résultats du PAC en les rapprochant des prévisions
9) Corrigez les écarts
10) Faire évoluer l'organisation de l'agence et mobiliser les collaborateurs pour l'atteinte des objectifs commerciaux et financiers.

Dans cette démarche, une bonne politique de gestion de portefeuille à travers les différents segments du CRM (Customer Relation Management) permettra d'optimiser la performance commerciale sur chaque client, d'établir le programme relationnel personnalisé de chaque client et de prioriser les actions.

En effet, les apports de la gestion de portefeuille permettront de gagner du temps (time is money), de mieux connaître ses clients (fiche KYC : Known Your Customer) pour adapter l'action marketing, d'identifier les clients à potentiel, de multiplier les contacts choisis, et in fine négocier les objectifs commerciaux. Cela suppose une bonne analyse du portefeuille par segment (analyse croisée des données clients et produits ; diagnostic forces faiblesses menaces opportunités). Cette analyse peut être quantitative (nombre de comptes, soldes, encours, tableaux de bord, PNB par client, etc.) ou qualitative (satisfaction clientèle, efficacité commerciale, etc.).

3.3 La définition des objectifs individuels

Dans la mise en œuvre du PAC agence, il important de définir des objectifs aux commerciaux (gestionnaires de compte) en liaison avec le PMS.

Dans l'atteinte ces objectifs individuels, la démarche des commerciaux ou gestionnaires de compte doit s'articuler autour des 3 grands axes ci-après :

☞ Génération du contact : la prospection ;
☞ Transformation de ce contact en client pour la banque ;
☞ Et fidéliser ce client.

Sur le plan commercial et marketing, il est généralement admis que les objectifs individuels doivent être « SMART », c'est-à-dire répondre aux caractéristiques suivantes :

☞ Spécifiques, car adaptées à chaque commercial ou gestionnaire de comptes, à sa situation et ses problématiques ;
☞ Mesurables, c'est-à-dire quantifiables et contrôlables ; mêmes les objectifs qualitatifs devront être exprimés en données chiffrées ou factuelles ; par exemple, la qualité de service peut s'apprécier par la baisse du nombre de réclamations ou à travers les résultats des enquêtes auprès des clients postés dans les boîtes à suggestions, etc. ;
☞ Acceptés : l'objectif doit emporter l'adhésion du gestionnaire de comptes ; pour cela, au moment de la définition des objectifs collectifs et du plan stratégique pluriannuel, le top management devra impliquer les gestionnaires de comptes, en amont, pour déterminer collectivement les objectifs à atteindre. Ces objectifs ne devront pas leur être

imposés, car une stratégie coupée du terrain risque de se heurter à l'incompréhension, voire aux réticences des gestionnaires de comptes ;
☞ Réaliste, c'est-à-dire adaptés au marché, au potentiel et au profil du commercial ou gestionnaire de comptes. Ainsi, un junior (débutant) bénéficiera d'objectifs différents de son collègue plus aguerri (expérimenté), qui le feront progresser sans le décourager ;
☞ S'inscrire dans le Temps, c'est-à-dire avec une échéance précise.

L'atteinte des objectifs est un facteur-clé de la motivation, d'où l'importance de fixer des objectifs ambitieux mais néanmoins réalistes, s'inscrivant dans la démarche « SMART ».

En plus des indicateurs quantitatifs, les objectifs devront également porter sur des indicateurs qualitatifs, car la relation client prend une ampleur particulière de nos jours.

Puisque la fidélisation coûte moins chère que la prospection clientèle, les commerciaux et plus généralement les agents du front office de la banque, doivent être régulièrement incités, par le top management et leurs supérieurs hiérarchiques, à suivre plus en détail leur portefeuille et à traiter les clients avec la plus grande attention.

3.4 La fonction « accueil clientèle et services bancaires »

Cette fonction est très importante dans une banque commerciale. Il s'agit généralement du premier contact avec un prospect qui fait le déplacement à la banque pour prendre des renseignements. En plus, il s'occupe également des clients de la banque.
Pour ce faire, le chargé d'accueil et services bancaires accueille et oriente physiquement et téléphoniquement la clientèle - informe les clients sur les services/produits de base de la banque. Il réalise les opérations courantes de guichet selon les règles et consignes de sécurité des personnes et des biens.

Il peut également réaliser le suivi des besoins en numéraire de la structure.

D'une banque à une autre, on peut trouver les appellations suivantes :

o Assistant / Assistante de clientèle de banque

o Assistant / Assistante service clientèle
o Assistant / Assistante service clientèle bancaire
o Caissier / Caissière de bureau de change
o Chargé / Chargée d'accueil en banque
o Chargé / Chargée d'accueil et de services clientèle bancaire
o Conseiller / Conseillère accueil en agence bancaire
o Conseiller / Conseillère d'accueil en banque
o Guichetier / Guichetière accueil banque
o Guichetier / Guichetière de banque
o Guichetier / Guichetière de la banque postale
o Guichetier payeur / Guichetière payeuse
o Guichetier vendeur / Guichetière vendeuse
o Téléconseiller / Téléconseillère en banque

Les activités sont :
o Accueillir les clients et identifier leur demande (administration de comptes, achat/vente de produits et services, informations, etc.)
o Enregistrer les opérations courantes, les mouvements sur portefeuille et remettre les documents justificatifs
o Informer le client sur les services/produits selon son niveau de salaire, son épargne et ses projets
o Sensibiliser les clients à l'utilisation des automates et des services à distance et les assister
o Actualiser l'affichage publicitaire (affiches, dépliants, ...) ou celui des taux de change
o Classer les documents et produits (cartes bancaires, chéquiers, lettres recommandées, etc.) et les délivrer après vérification de l'identité

Ces compétences doivent être :
o Modes de paiement
o Caractéristiques des produits et services bancaires
o Caractéristiques des produits financiers
o Techniques de vente
o Procédures de transfert de devises
o Réglementation bancaire
o Règles et consignes de sécurité
o Principes de la relation client
o Procédures d'administration de compte bancaire

o Rédaction de documents

3.5 Le processus de création de nouveaux produits bancaires

Les banques doivent fournir des produits et services financiers innovants et adaptés aux besoins nouveaux de sa clientèle. Et, les solutions à ces problèmes pourraient passer par l'axe de développement sécuritaire de nouveaux produits et services diversifiés, orientés client.

Le processus de création de nouveaux produits bancaires repose sur les phases ci-dessous de développement méthodologique de nouveaux produits et services généralement admises comme norme internationale dans le secteur bancaire.

Figure 14: Le processus de création de nouveaux produits bancaires

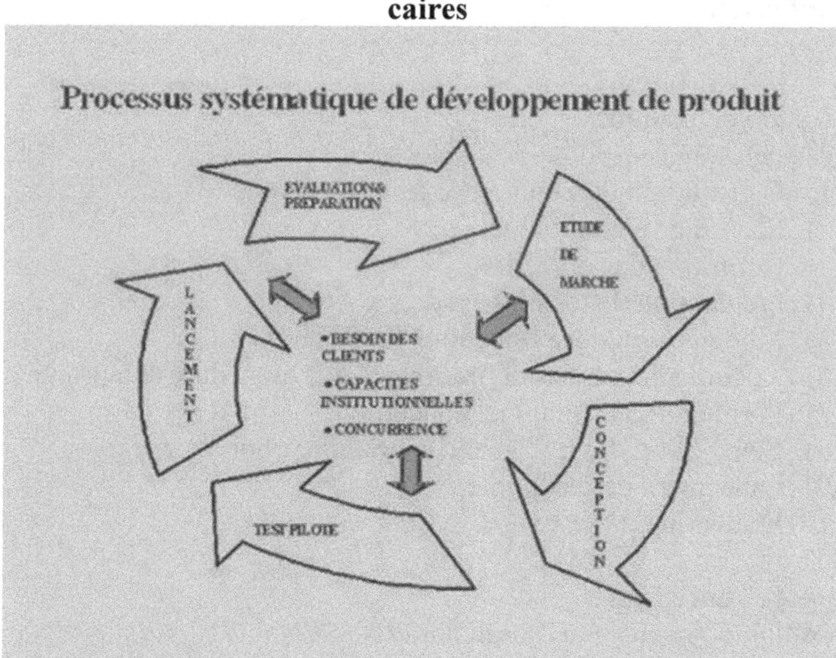

Explications des différentes phases :

Phase 1 : Etude de marché
Il s'agit de la collecte de données, l'analyse et la présentation des informations utiles pour prendre la décision de développer un nouveau produit ou le modifier.
☞Etude qualitative de marché
☞Etude quantitative de marché (collecte de données et analyse quantitative par un logiciel statistique)

Phase 2 : Conception (Développement du concept produit/prototype)
☞Concept produit
☞Prototype
☞Calculs de coûts
☞Tarifications

Phase 3 : Test-pilote
☞Fixation de la durée
☞Les étapes du test-pilote :

1) Constitution de l'équipe de test pilote
2) Elaboration du protocole de test
3) Définition des objectifs
4) Préparation de tous les systèmes
5) Modélisation des projections financières
6) Documentation des définitions et des procédures du produit
7) Formation du personnel concerné
8) Elaboration des documents marketing pour les clients
9) Lancement du test pilote
10) Evaluation du test

Phase 4 : Lancement
☞Fixation de la durée et du calendrier
☞Temps du personnel
☞Personnes responsables
☞Ressources financières attendues, formations, équipements

Phase 5 : Evaluation
☞Evaluation du lancement
☞Succès / échec

☞Points à renforcer ou à améliorer
☞Poursuite ou abandon

<u>Tableau 12</u> : Exemple de fiche produit

FICHE PRODUIT :	
Dénomination	
Description	
Population cible	
Objectif du produit	
Caractéristiques :	
Moyens de promotion auprès du grand public	
Slogan de communication + Visuels	
Supports d'adhésion	
Avantages pour le client	
Avantages pour la banque	
Vendeurs	
Objectifs de vente du produit	

4. Les services caisse et guichet : Un facteur déterminant dans l'amélioration et l'harmonisation des relations banque/Clients

Dans le cadre du déploiement de son plan d'action commercial, les services caisse et guichet jouent un rôle clé dans l'amélioration et l'harmonisation des relations banque/clients au sein d'une agence bancaire.

5.1. L'apport des services caisse/guichet dans le processus d'amélioration des relations banques/clients

Dans une banque commerciale à réseau, l'apport des services caisse/guichet doit s'inscrire dans une démarche stratégique de fidélisation clientèle conformément aux orientations stratégiques de la banque.

En effet, puisque la fidélisation coûte moins chère que la prospection clientèle, les commerciaux et plus généralement les services caisse/guichet, doivent être régulièrement incités, par le top management et leurs supérieurs hiérarchiques, à suivre plus en détail d'une part les comptes clients et d'autre part à traiter les clients avec la plus grande attention.

Le suivi des comptes permet à la banque de détecter la survenance de certains risques inhérents aux opérations bancaires et par là même procéder à la maîtrise de ces risques par des techniques appropriées. Par exemple, dans le cadre du dispositif de LBCFT, les opérations suspectes sont enregistrées dans un registre confidentiel de la part des services caisse/guichet. Le gestionnaire de compte est également alerté pour continuer la surveillance du compte.

Une fois que le prospect accepte d'ouvrir un compte bancaire, commence le début de la relation clientèle. Ainsi, la stratégie de fidélisation clientèle entre en ligne de compte. Elle utilise les techniques de fidélisation suivantes : entretien de la relation par des visites régulières, appels téléphoniques, envois de gadgets publicitaires. Être à l'écoute du client et anticiper ses besoins. Conseiller le client dans ses opérations bancaires. Surtout être disponible à tout moment au service du client. Philosophie à développer : le client est roi, il paye nos salaires et non la banque !!!

5.2.Le guichet et les présentoirs

Une agence bancaire doit être organisée de telle sorte que la clientèle puisse avoir toutes les informations désirées au guichet de la banque. Cela suppose des présentoirs bien fournis en supports publicitaires (affiches, flyers, dépliants, plaquettes, etc.) de tous les produits et services de la banque ainsi que tous les renseignements y afférents. Il doit avoir une harmonie en termes de visibilité pour l'ensemble du réseau de la banque.

En outre, le dispositif de gestion des files d'attente doit être efficace avec un court délai de prestation des guichetiers/caissiers. Cela va avec la qualité des services rendus à la clientèle.

5.3.La qualité du service rendu aux clients

Le service rendu aux clients doit être d'une qualité irréprochable. En effet, aujourd'hui au-delà des coûts des services bancaires, les clients attachent beaucoup d'importance à la qualité des services fournis par leurs banques. C'est un facteur clé dans le choix d'une banque domiciliataire de salaires et pensions.

Par conséquent, les services caisse/guichet doivent être dans une logique d'amélioration continue de la qualité de leurs prestations. Ils doivent être plus attentifs et être à l'écoute des besoins de la clientèle.

5.4.La vente des produits et services bancaires

La vente des produits et services bancaires passe par le front office pour mieux atteindre la clientèle. Les techniques de vente croisées (*cross selling*) sont privilégiées depuis l'ouverture de compte pour capter dès l'entrée en relation le client en lui fournissant un paquet de services bancaires à moindre coût.

Dans la vente, les guichetiers jouent un grand rôle à côté des gestionnaires de compte et les chargés clientèle. En effet, ils s'occupent de la vente rapide aux présentoirs. Ils ont également des objectifs commerciaux à atteindre.

III. La gestion des risques liés aux opérations de guichet/caisse

A. Le cadre réglementaire, juridique et économique :
En matière de détection et maîtrise de risques liés aux opérations de caisse et guichet, on peut faire référence à la circulaire N°005-2011/CB/C du 04 janvier 2011, relative à la gouvernance des établissements de crédit de l'UMOA. Celle-ci met d'abord en exergue les pouvoirs et responsabilités de chaque partie prenante et ensuite les outils indispensables à une bonne gouvernance des établissements de crédit. Parmi les outils indispensables on peut retenir la mise en place des procédures et techniques de gestion des risques via le document de cartographie des risques. Pour ce qui concerne la caisse et le guichet, les risques associés relèvent en grande partie de la catégorie de risque opérationnel. Un plan d'audit assorti de la cartographie des risques doit être géré le département audit et contrôle interne.

1. La typologie des risques liés aux opérations de caisse et guichet
Les principaux risques liés aux opérations de caisse/guichet sont des risques de type opérationnel. On peut citer :

- ✓ Les risques informatiques ;
- ✓ Les risques liés aux ressources humaines ;
- ✓ Les risques de vol
- ✓ Les risques de fraude et de détournement ; et
- ✓ Les risques de contrepartie.
- ✓ Etc.

2. Le risque opérationnel : un risque omniprésent[66]

Le risque opérationnel est le risque résultant d'une inadaptation ou d'une défaillance imputable à des procédures, au personnel et aux systèmes internes ou à des événements extérieurs y compris d'événements de faible probabilité de survenance ou à fort risque de perte.

Le risque opérationnel est un des points essentiels du dispositif prudentiel bâlois. Il apparaît en cas de risques légaux, administratifs et de ressources humaines.

A ce niveau, une mention particulière doit être accordée à la surveillance des risques de fraudes, de détournements et de risque juridique. Pour ce faire, un dispositif préventif de couverture des risques doit être opérationnel : polices d'assurance ; plans de continuité d'activité et de reprise d'activité en cas de sinistre majeur ; sécurité physique des locaux ; sécurité logique du SIB (Système d'Information Bancaire) et des infrastructures de télécommunication ; et un suivi rigoureux des activités externalisées en vue de prévenir des pertes opérationnelles.

La formation permanente et un dispositif de contrôle interne efficace peuvent amoindrir ce type de risque.

Parmi les risques opérationnels, on peut citer :
☞ La défaillance du système d'information bancaire
☞ Les erreurs d'enregistrement ou de déclarations
☞ La sous-évaluation des produits (intérêts débiteurs ou créditeurs)
☞ Une utilisation frauduleuse de dépôts

Par ailleurs, les auditeurs doivent porter une attention particulière aux comptes dormants (non mouvementés durant 8 ans) ; les comptes du personnel (blanchiment de capitaux et/ou détournements de fonds) ; aux comptes d'attente, de liaison ou de régularisation ; enfin aux comptes de passage et de valeurs non imputées.

---

[66] Voir Tidiani SIDIBE, l'essentiel du management d'une banque commerciale, édition L'Harmattan, septembre 2016, Paris.
Tidiani SIDIBE, les chantiers de mise en place du dispositif Bâle II et Bâle III & les normes IFRS/IAS : quelques pistes de réflexion pour les banques africaines. Edition, Munich Personal RePEc Archive Paper N°65848 du 30 juillet 2015, Allemagne.

3. Les règles morales de la profession : la déontologie, l'éthique bancaire et le secret professionnel

La circulaire susmentionnée de la Commission Bancaire instruit également la mise en place dans les banques de codes de déontologie applicables aux administrateurs, aux dirigeants et au personnel. Le suivi de ces règles morales de la profession bancaire relève du département d'Audit mais elles s'appliquent à tout le personnel.

Le code de déontologie renferme un système de valeurs adopté par l'IIA et l'IFACI à partir duquel tous ses auditeurs internes membres adhèrent de facto en respectant les règles d'application.

Il s'agit bien évidemment des normes de conduite que l'auditeur interne doit scrupuleusement respecté dans l'exercice de sa fonction.

Le code d'éthique s'inscrit dans le même cadre que les dispositions du code de déontologie. La différence est que la déontologie s'applique à la profession (auditeurs internes) tandis que l'éthique s'applique à l'ensemble du personnel de la banque y compris les auditeurs internes.

Par conséquent, le code d'éthique vise à renforcer la loyauté des collaborateurs de la banque en s'appuyant sur les valeurs déontologiques et des règles de conduite visant la transparence.

Ces normes de conduite déontologique et d'éthique sont ci-après :

☞ L'honnêteté
☞ L'objectivité
☞ La diligence
☞ La loyauté
☞ Eviter les activités illégales ou malhonnêtes
☞ Eviter les activités déshonorantes
☞ Eviter les activités engendrant un conflit d'intérêt
☞ Eviter de recevoir un cadeau en liaison avec son discernement professionnel (refuser la corruption en signant un pacte-anticorruption)
☞ Utiliser les moyens ou méthodes conformes à la pratique professionnelle
☞ Respecter le secret professionnel
☞ Améliorer sa compétence, son efficacité et sa qualité de travail

☞ Etre conscient de ses obligations (compétence et dignité).

Au-delà de ces aspects juridique, règlementaire et économique, il incombe aux opérationnels la détection des risques liés à l'exécution de leurs tâches quotidiennes[67].

B. Détection des risques liés aux opérations de caisse et guichet

La détection des risques liés aux opérations de caisse et de guichet suppose de connaître au préalable la typologie de ces risques avant leurs détections.

1. La typologie des risques liés aux opérations de caisse et guichet

Dans la pratique, on peut distinguer plusieurs types de risques liés aux opérations de caisse et de guichet.

1.1. Risque de billets frauduleux

Le risque de faux billets pèse beaucoup sur les opérations de caisse et de guichet. En effet, nous vivons dans un monde de plus en plus cruel dans lequel les actes de banditisme et de fraudes sont de plus en plus récurrents. Les fossoyeurs de faux billets utilisent aussi les nouvelles technologies pour la qualité de leurs contrefactions.

Ce risque peut amener à une détérioration de la relation clientèle.

En général, pour se prévenir contre ce risque les banques utilisent fréquemment des détecteurs de faux billets.

En outre, la Banque Centrale communique très souvent via des séminaires de formation sur les caractéristiques techniques de chaque billet en circulation : filigrane, invisible, couleur, numéro de série, signature, etc.

1.2. Risque de chèque frauduleux

Ce risque apparaît dans le cas d'une utilisation de faux chèque ou de chèque parallèle pour retirer de l'argent sur un compte bancaire. En effet, avec la complicité d'un agent de banque et d'un agent de la société en charge de la confection des chéquiers[68], les fossoyeurs répli-

---

[67] Dynamique d'auto contrôle conformément aux procédures de surveillance permanente.

[68] Très généralement, les banques externalisent les fabrications de leurs formules de chéquiers au niveau d'une société d'imprimerie.

quent une ou plusieurs feuilles du carnet de chéquiers d'un client donné dont ils en ont la connaissance sur l'existence de la provision. La signature est ainsi imitée pour faire un retrait avec ce chèque.

Ce type de risque peut être cantonné par l'utilisation des nouvelles technologies c'est-à-dire en sécurisant les formules de chéquiers par des stickers, des invisibles, etc. Cela permet à la banque de reconnaître très facilement ses propres chéquiers au moment d'un encaissement en ses guichets.

1.3. Risque de fraude sur l'identité

Le risque de fraude sur l'identité d'un client apparaît dans le cas où un bandit arrive à répliquer la pièce d'identité d'un client donné. Il utilise cette pièce frauduleuse pour essayer de faire un retrait en espèce au guichet quand il arrive à imiter la signature.

Pour prévenir ce type de risque, le guichetier/caissier doit toujours s'assurer de l'identité de la personne en face de lui. Comparer la photo dans la fiche signalétique du client avec celle figurant sur la pièce d'identité du bandit. Il en va de même pour le spécimen de signature.

L'utilisation d'une caméra de vidéosurveillance avec des agents de sécurité peuvent être des mesures de dissuasion.

1.4. Risque d'imitation frauduleuse de signature

Dans le cas d'une perte d'un ou plusieurs chèques, un bandit peut en profiter pour essayer de passer à l'acte de forfaiture en cherchant à imiter le spécimen de signature du titulaire. Souvent, il peut s'agir d'un proche parent (fils, fille, femme, neveux, etc.) du client.

Pour prévenir ce type de risque, les clients doivent bien prendre soins de leurs chéquiers. En cas de perte d'un ou plusieurs feuilles de chéquiers, il doit immédiatement aviser la banque et faire une opposition.

1.5. Risque de vol

Le client peut être victime de vol d'un ou plusieurs chèques. Il doit immédiatement faire opposition auprès de sa banque en lui communiquant les numéros de chèques en question. Ce vol peut être suivi par une utilisation frauduleuse pour tentative de retrait sur le compte du client.

1.6. Risque de perte

Le client peut perdre son carnet de chéquier ou une ou plusieurs feuilles de chèques. Aussi, il doit procéder dans le plus bref délai à faire une opposition auprès de sa banque. Cette perte peut être suivie par une utilisation frauduleuse.

1.7. Risque d'attaque à main armée

L'agence bancaire peut faire l'objet d'une attaque à main armée quand elle n'est pas sécurisée. C'est pourquoi la banque doit avoir un dispositif sécuritaire[69] bien rodé : filtrage à la porte ; vidéosurveillance ; agents de sécurité à l'entrée de la banque, etc.

1.8. Risque d'invalidité du pouvoir des mandataires

Le guichetier/caissier doit toujours s'assurer avant toute prise de décision que les procurations des mandataires sont en cours de validité. La fiche signalétique du client dans le système d'information doit être à jour et indiquer les dates de début et de fin de chaque procuration.

1.9. Risque de blanchiment de capitaux

Un compte peut être ouvert à cet effet par un client occasionnel. Les procédures y afférentes doivent être appliquées à toutes les ouvertures de compte. Ces comptes doivent faire l'objet d'une surveillance accrue.

1.10. Risque d'illiquidité d'encaisse

Ce risque apparaît quand la banque est en manque d'encaisse suffisante pour faire face aux retraits en ses guichets. L'encaisse est gérée conformément à la couverture d'assurance.

Pour prévenir ce type de risque, la banque doit avoir une idée sur les habitudes de retraits en ses guichets et se préparer en conséquence. Elle doit sensibiliser les clients et les informer en avance pour les cas de gros retraits. Aussi, les périodes de fêtes doivent être préparées pour ne pas faire trop attendre les clients aux guichets.

Donc, il est du ressort du chef d'agence et de son caissier principal de veiller à ce que ce type de risque ne survienne pas. Car il peut considérablement détériorer la relation clientèle.

---

[69] Procédures sécuritaires appliquées à la lettre. Leurs suivies incombent au département d'audit.

1.11. Fraude à la caisse et au guichet : exemples

- ✓ Chèques parallèles répliqués avec imitation de signature : sécuriser les formules de chéquiers
- ✓ Fausse identité avec imitation de signature : s'assurer des identités
- ✓ Appels téléphoniques trafiqués pour demander de payer un chèque : c'est le revers de la médaille des nouvelles technologies de l'information et de la communication (TICs). Le chèque est payable à vue et toute mention contraire est réputée non écrite (Règlement R15 de l'Uemoa)
- ✓ Compte ouvert pour blanchiment d'argent et financement du terrorisme.

2. La détection des risques liés aux opérations de caisse et guichet

Pour détecter les risques liés aux opérations de caisse et de guichet, en plus de l'application stricte des procédures, les guichetiers/caissiers doivent être très vigilants dans l'exécution de chaque opération avec la plus grande rigueur.

3.1 Les fraudes à la caisse et au guichet

Les fraudes à la caisse et au guichet sont très généralement liées aux opérations bancaires avec le chèque. Le guichetier/caissier doit y accorder la plus grande vigilance. Pour quoi prévenir des cas de fraudes, certaines banques ont pris l'habitude d'appeler les clients pour confirmer l'authenticité de leurs chèques. Cependant, cette pratique ne figure pas dans les dispositions règlementaires qui encadrent les opérations avec le chèque (Règlement R15) car le chèque est payable à vue.

Parmi les cas de fraudes on peut citer la confection de faux chèques, imitation de signature, l'utilisation d'une fausse identité, faux appel téléphonique avec l'exploit d'une technologie appropriée, blanchiment de capitaux, etc.

Ces fraudes se matérialisent très généralement par la complicité d'un agent de la banque. La vigilance doit être de mise.

3.2 Les bons réflexes et les astuces nécessaires pour une meilleure maitrise des risques liés aux opérations de caisse et guichet

Les caissiers et guichetiers doivent travailler en équipe pour débusquer certains cas de fraudes. Pour ce faire, ils doivent être vigilants sur toutes les lignes dans l'exécution des opérations bancaires. Très souvent, ils sont déborder par les clients mais ils doivent garder leurs sangs froids.

Ils doivent développer de bons flairs pour détecter et maîtriser les risques liés aux opérations de guichet et de caisse.

Pour ce faire, ils doivent être formés sur les cas de fraudes subies par la banque par le passé[70]. Les photos des clients indélicats doivent être connues par le front office. Les départements d'audit et contrôle de gestion et trésorerie peuvent alerter sur la probabilité de survenance de certains types de risques.

3.3 L'apport des services d'audit, contrôle de gestion et trésorerie

Les services d'audit peuvent alerter le front office sur certains de fraudes en cours dans plusieurs banques de la place. Aussi, la police et la gendarmerie peuvent informer la banque sur le risque de fraude ou de blanchiment d'argent en bande organisée. Une liste noire est généralement mise à la disposition du front office.

Le contrôle de gestion et la trésorerie peuvent par exemple alerter sur la situation des encaisses. Ce qui permet de prévenir le risque d'illiquidité.

C. Maitrise des risques liés aux opérations de caisse et guichet

Après la détection des risques liés il faut procéder à leurs maîtrises avant toute détérioration de la situation. Cela passe par des contrôles et vérifications à tous les niveaux.

Les vérifications et règles de sécurité au niveau des opérations de la caisse : les vérifications d'usage au niveau de la caisse concernent les retraits, les versements et les mises à disposition.

1. Contrôle et vérification des fonds reçus

Pour le cas de versement d'espèce au guichet de l'agence, les vérifications suivantes s'imposent aux caissiers :

- o Réception du bordereau renseigné et des fonds du client.
- o Vérifier que le bordereau est bien renseigné.

---

[70] La banque doit apprendre de ses propres erreurs et faire en sorte que ces erreurs ne se reproduisent plus.

- Horodater le bordereau.
- Compter les fonds en détaillant les coupures et en comparant également le montant compté au montant total sur le bordereau.
- Vérifier l'authenticité des fonds en utilisant un détecteur de faux billet.

2. Contrôle et vérification des fonds payés aux clients aux guichets de la banque

Pour le cas du retrait d'espèce par chèque, le caissier doit procéder aux vérifications suivantes :

- Réception du chèque renseigné par le client.
- Horodater le chèque
- Vérifier la signature du client
- Vérifier la date de validité du chèque
- Vérifier que le chèque n'est pas frappé d'une opposition
- Vérifier la concordance entre le montant en chiffre et le montant en lettre.
- Vérifier que le chèque n'est pas barré
- Vérifier l'endos du chèque: nom, adresse et signature du bénéficiaire doivent y être apposés.
- S'assurer que la signature à l'endos du chèque est la même que celle sur la pièce d'identité du bénéficiaire.
- Vérifier le solde du compte du client.
- Si le montant du chèque dépasse la limite de confirmation, faire confirmer par le gestionnaire de compte au cas où le bénéficiaire n'est pas le titulaire du compte.
- Procéder à la copie de la pièce d'identité du bénéficiaire tout en vérifiant la validité de ladite pièce.
- Vérifier l'authenticité du chèque en s'assurant que les marques de sécurité sont en place.
- Procéder au paiement du chèque.
- Lors du paiement indiquer les coupures à l'endos du chèque.
- Remettre les fonds au client accompagnés d'une enveloppe.
- S'assurer que le client compte et reconnaît les fonds.
- Remettre le chèque au client afin qu'il signe en dessous du détail des coupures.
- Reprendre le chèque avec le client et le ranger.

Pour les cas de mise à disposition, vérifier l'identité du bénéficiaire en réclamant une pièce d'identité valide et poser la petite question (s'il y en a).

3. Vérification et contrôle des identités et signatures

La vérification et le contrôle des identités et spécimens de signatures doivent se faire dans la plus grande rigueur à travers la technique de rapprochement entre la pièce d'identité présentée et les informations disponibles dans le progiciel bancaire au niveau de la signalétique client.

En cas de doute, le guichetier/caissier doit se référer à leur chef d'agence.

4. Vérification et contrôle de la validité et du niveau des pouvoirs des mandataires

Le caissier/guichetier doit s'assurer de la validité de la pièce d'identité du client. S'il s'agit d'un mandataire, ses pouvoirs doivent également être vérifiés.

5. Traitement des erreurs de caisse

Avant de procéder à la préclôture de sa caisse, le caissier doit procéder au pointage des opérations saisies avec les pièces comptables afin de s'assurer qu'aucune erreur n'a été commise sur les montants, numéros de chèques, numéros de comptes etc. toute erreur doit être corrigée le jour même. Pour cela, le caissier demande au caissier principal d'annuler la référence erronée et il procède à la saisie correcte de l'opération. Les corrections effectuées grâce aux contrôles du caissier (contrôle 1er niveau) sont adressées mensuellement au département d'audit interne et de la conformité.

Le caissier principal doit à son tour également procéder au pointage de toutes les opérations de cessions et approvisionnements saisies dans la journée sur sa caisse avec les fiches de mouvements de caisse. Ce contrôle de 1er niveau porte sur les montants et l'exhaustivité des saisies. Toute erreur doit être corrigée le jour même. Puis, il annule la référence erronée et il procède à la saisie correcte de l'opération. Les corrections effectuées sont adressées mensuellement au département d'audit interne et de la conformité.

6. Respect des seuils de couverture d'assurance

Le respect des seuils de couverture d'assurance permet également de limiter les risques.
La gestion optimale de l'encaisse se fait conformément au plafond de la «globale assurance » qui garantit un niveau d'encaisse globale donnée (encaisse globale de la banque = sommation des encaisses de toutes les agences). Cette police d'assurance annuelle assure la banque contre les risques de fraudes et de vols.

C'est pourquoi il est nécessaire de développer des bons réflexes.

7. Développement des réflexes nécessaires d'un bon caissier / guichet

Un ensemble de bons réflexes sont à développés par le guichetier/caissier afin de prévenir les liés aux opérations de caisse et guichet.

7.1. La vigilance

C'est une surveillance exercée de façon attentive et continue sur les opérations de caisse et de guichet.

7.2. Le flair

Le flair est la faculté de prévoir par intuition. L'expérience forge cette faculté.

7.3. La courtoisie

La courtoisie émane de la politesse aimable, élégante et raffinée.

7.4. La rapidité

La célérité c'est-à-dire la promptitude dans le traitement des opérations de caisse et de guichet.

7.5. L'esprit d'équipe

L'esprit d'équipe est une composante essentielle pour déjouer certaines tentatives de fraudes. Cela suppose une collaboration sincère et honnête.

7.6. Le respect des procédures de gestion en vigueur en matière de gestion de la caisse

Le respect des procédures de gestion en vigueur permet de prévenir la survenance de certains risques. Parmi ces procédures, on peut citer :

- ✓ Procédures des opérations domestiques : retraits/versements ; mise à disposition ; plafonds encaisse ; chèque ; virements ; etc.
- ✓ Procédures de change manuel
- ✓ Procédures de gestion des encaisses
- ✓ Procédures de surveillance permanente des caisses et guichets
- ✓ Procédures de LBCFT

8. La conformité et la lutte contre le blanchiment des capitaux et le financement du terrorisme (LBCFT)

Le référentiel COSO (Committee of Sponsoring Organization of the Treadway Commission) définit le contrôle interne comme « un processus mis en œuvre par le Conseil d'Administration, les dirigeants et le personnel d'une organisation destiné à fournir une assurance raisonnable quant à la réalisation des objectifs suivants : la réalisation et l'optimisation des opérations, la fiabilité des informations financières, la conformité aux lois et aux règlementations en vigueur ».

Les procédures de contrôle interne impliquent également le respect des politiques de gestion, la sauvegarde des actifs, la prévention et la détection des fraudes, l'exactitude et l'exhaustivité des enregistrements comptables, l'établissement en temps voulu d'informations comptables et financières fiables (référentiel CNCC de juillet 2003 : norme 2-301 évaluation du risque et contrôle interne).

L'efficacité d'un système de contrôle interne passe impérativement par le respect des principes fondamentaux de la conformité et l'organisation du contrôle interne.

8.1. Les principes cardinaux de la fonction de conformité

La fonction de conformité (compliance en anglais) a pour but de garantir :

☞ L'assurance que les activités de la banque sont exercées avec intégrité et professionnalisme ;

☞ La lutte contre le blanchiment d'argent et le financement du terrorisme et de la prolifération (voir recommandations GAFI en la matière) ;
☞ La formation du personnel doit permettre de les sensibiliser aux risques de non-respect des règles, lois et règlements communautaires.
L'obligation de créer une fonction de la conformité est en droite ligne avec les recommandations du Comité de Bâle de 2003 sur la fonction compliance qui distinguait 11 principes :
1) L'organe délibérant (Conseil d'Administration, Assemblée Générale) doit superviser la gestion du risque de non-conformité. Il doit être informé au moins une fois par an de la politique de conformité et de ses modalités d'application.
2) L'organe exécutif (Direction Générale) doit définir une ligne d'action en matière de « compliance ». Il doit s'assurer qu'elle est suivie et il doit en informer l'organe délibérant.
3) L'organe exécutif doit organiser le contrôle du risque de non-conformité[71] de manière permanente et efficace.
4) Le statut de cette fonction doit être formalisé dans une charte ou un document approuvé par l'organe délibérant, définissant son positionnement, ses compétences et son rattachement hiérarchique.
5) Elle doit être indépendante des équipes opérationnelles
6) Elle a pour objet d'identifier, d'évaluer et de suivre les risques de non-conformité encourus par la banque et de conseiller et rendre compte des résultats à l'organe exécutif et délibérant.
7) Le responsable de la fonction conformité est en charge du suivi continu des activités liées à cette fonction. Le régulateur bancaire doit être informé de son départ.
8) Le personnel mis à la disposition doit avoir les compétences, l'expérience et les qualités professionnelles et personnelles permettant d'assumer cette fonction.

---

[71] Le risque de non-conformité est définit comme : « *le risque de sanction judiciaire, administrative, ou disciplinaire de perte financière significative ou d'atteinte à la réputation, qui naît du non-respect de dispositions propres aux activités bancaires et financières, qu'elles soient de nature législative ou règlementaire, ou qu'il s'agisse de normes professionnelles et déontiques ou d'instructions de l'organe exécutif prises notamment en application des orientations de l'organe délibérant ». Aussi, dans la même veine, la commission bancaire de l'UMOA retient la définition suivante relative au risque de non-conformité : « le risque de réputation, de pertes financière ou de sanctions résultant de l'inobservation par l'établissement par l'établissement des dispositions légales et règlementaires, ainsi que des normes, pratiques et codes de conduite applicable à ses activités. »*

9) Ce dispositif doit permettre aux banques ayant une activité internationale de gérer de manière satisfaisante le risque de non-conformité en se conformant aux règles locales.

10) L'activité de la fonction de conformité doit faire l'objet de revue périodique par l'audit interne.

11) Certaines activités de la fonction de conformité peuvent éventuellement faire l'objet d'une externalisation, le responsable de la fonction de conformité doit faire partie de la banque.

8.2.La lutte contre le blanchiment de capitaux

Le Blanchiment de capitaux et le financement du terrorisme trouvent leurs sources dans les conventions internationales ci-après :

☞ Convention des Nations Unies contre le trafic illicite de stupéfiants le 20 décembre 1988

☞ Convention internationale pour la répression du financement du terrorisme, adoptée par l'Assemblée générale des Nations Unies le 09 décembre 1999 et ses textes annexes.

8.2.1. Les textes de base

La lutte contre le blanchiment de capitaux et financement du terrorisme est régie dans la zone UEMOA par les textes règlementaires suivants :

- Directive N° 02/2015/CM/UEMOA du 02 juillet 2015 relative à la lutte contre le blanchiment de capitaux et le financement du terrorisme dans les Etats membres de l'UEMOA
- Directive N° 07/2002/CM/UEMOA relative à la lutte contre le blanchiment de capitaux dans les Etats membres de l'UEMOA
- Loi uniforme relative à la lutte contre le blanchiment de capitaux dans les Etats membres de l'Union Economique et Monétaire Ouest Africaine (UEMOA)
- Décret-cadre portant création, organisation et fonctionnement d'une cellule nationale de traitement des informations financières
- Règlement n° 14/2002/CM/UEMOA relatif au gel des fonds et autres ressources financières dans le cadre de la lutte contre le financement du terrorisme dans les Etats membres de l'Union Economique et Monétaire Ouest Africaine (UEMOA)
- Décision n° 06/2003/CM/UEMOA relative à la liste des personnes, entités ou organismes visés par le gel des fonds et autres ressources financières dans le cadre de la lutte contre le financement du terro-

risme dans les Etats membres de l'Union Economique et Monétaire Ouest Africaine (UEMOA)

- Décision N° 04/2004/CM/UEMOA portant modification de la Décision N° 06/2003/CM/UEMOA du 26 juin 2003 relative à la liste des personnes, entités ou organismes visés par le gel des fonds et autres ressources financières, dans le cadre de la lutte contre le financement du terrorisme dans les Etats membres de l'UEMOA, signée le 5 juillet 2004
- Directive N° 04/2007/CM/UEMOA du 4 juillet 2007, relative à la lutte contre le financement du terrorisme dans les Etats membres de l'UEMOA
- Instruction N°01/2007/RB du 2 juillet 2007 relative à la lutte contre le blanchiment de capitaux au sein des organismes financiers

8.3.Définition de blanchiment de capitaux

Aux termes des dispositions des articles 2 et 3 de la Loi uniforme relative à la lutte contre le blanchiment de capitaux dans les Etats membres de l'UEMOA, le blanchiment de capitaux est défini comme l'infraction constituée par un ou plusieurs des agissements ci-après, commis intentionnellement, à savoir :

- La conversion, le transfert ou la manipulation de biens, dont l'auteur sait qu'ils proviennent d'un crime ou d'un délit ou d'une participation à ce crime ou délit, dans le but de dissimuler ou de déguiser l'origine illicite desdits biens ou d'aider toute personne impliquée dans la commission de ce crime ou délit à échapper aux conséquences judiciaires de ses actes ;
- La dissimulation, le déguisement de la nature, de l'origine, de l'emplacement, de la disposition, du mouvement ou de la propriété réels des biens ou de droits y relatifs dont l'auteur sait qu'ils proviennent d'un crime ou d'un délit, tels que définis par les législations nationales des Etats membres de l'UEMOA ou d'une participation à ce crime ou délit ;
- L'acquisition, la détention ou l'utilisation de biens dont l'auteur sait, au moment de la réception desdits biens, qu'ils proviennent d'un crime ou d'un délit ou d'une participation à ce crime ou délit.

8.4.Les organismes concernés

- Les banques et établissements financiers ;

• les services financiers des postes, ainsi que les Caisses de Dépôts et Consignations ou les organismes qui en tiennent lieu ;
• Les institutions mutualistes et coopératives d'épargne et de crédit, ainsi que les structures ou organisations non constituées sous forme mutualiste ou coopérative et ayant pour objet la collecte de l'épargne et/ou l'octroi de crédit ;
• Les agréés de change manuel.

8.5.Les obligations des organismes financiers en matière de blanchiment de capitaux

8.5.1. Les obligations de vigilance

Les obligations de vigilance strictes consistent à :
• Identifier tout client avant l'entrée en relation qui se matérialise par l'ouverture de compte
• Conserver les pièces et documents pendant une période de 10 ans
• Détecter des opérations suspectes et atypiques
• Identifier les clients « occasionnels » demandant d'effectuer des opérations supérieures à 5 millions FCFA ou de louer un coffre
• Surveiller les opérations supérieures à 5 millions FCFA

8.5.2. Les obligations de déclaration de soupçon

Les organismes financiers doivent faire des déclarations de soupçon auprès de la Cellule Nationale de Traitement des Informations Financières (CENTIF) concernant :
• Toutes opérations suspectes en considération de sa nature ou de son montant
• Tout paiement en espèces ou par titre au porteur d'une somme d'argent, effectué dans des conditions normales, dont le montant unitaire ou total est égal ou supérieur à cinquante millions (50.000.000) de FCFA ainsi que toute opération importante portant sur des sommes dont le montant unitaire ou total est supérieur à dix millions (10.000.000) de FCFA, qui se présente dans des conditions inhabituelles de complexité et ne paraît pas avoir de justification ou d'objet licite, doit être consignée dans un registre confidentiel et faire l'objet d'un examen particulier de la part des organismes financiers
• Toute opération dont l'identité du donneur d'ordre ou du bénéficiaire reste douteuse malgré les diligences effectuées

- La mise en place d’une cellule anti-blanchiment au sein de l’organisme

9. Le financement du terrorisme

La Loi Uniforme relative à la lutte contre le financement du terrorisme le défini comme suit : le financement du terrorisme est défini comme l'infraction constituée par le fait, par quelque moyen que ce soit, directement ou indirectement, délibérément, de fournir, réunir ou gérer ou de tenter de fournir, réunir ou gérer des fonds, biens, services financiers ou autres, dans l'intention de les voir utilisés, ou en sachant qu'ils seront utilisés, en tout ou partie, en vue de commettre :

1. un acte constitutif d'une infraction au sens de l'un des instruments juridiques internationaux énumérés en annexe à la présente Loi, indépendamment de la survenance d'un tel acte ;
2. tout autre acte destiné à tuer ou blesser grièvement un civil, ou toute autre personne qui ne participe pas directement aux hostilités dans une situation de conflit armé, lorsque, par sa nature ou son contexte, cet acte vise à intimider une population ou à contraindre un Gouvernement ou une organisation internationale à accomplir ou à s'abstenir d'accomplir un acte quelconque.

L'infraction de financement du terrorisme ainsi définie est constituée même si les fonds n'ont pas été effectivement utilisés pour commettre les actes visés ci-dessus.

Il y a financement du terrorisme, même si les faits qui sont à l'origine de l'acquisition, de la détention et du transfert des biens destinés au financement du terrorisme, sont commis sur le territoire d'un autre Etat membre ou sur celui d'un Etat tiers.

9.1.La lutte contre le financement du terrorisme

Les banques doivent prendre des mesures restrictives envers des personnes physiques ou morales figurant sur des lites élaborées par plusieurs autorités nationales et internationales notamment l’ONU, l’UE, etc.

En rapport avec ces listes, elles ont l’obligation de gel de fonds et l’interdiction de mettre à disposition des fonds ou toute autre ressource.

9.2.Les obligations des organismes financiers en matière de lutte contre financement du terrorisme

- Identification des clients à l’ouverture de compte

- Identification des opérations supérieures ou égales à 5 millions FCFA
- Examen de toutes transactions pouvant être liées au financement du terrorisme
- Conservation des documents, pièces et données statistiques pendant 10 ans
- Fourniture des renseignements accompagnant les virements électroniques
- Prise de mesures de vigilance renforcée à l'égard des personnes politiquement exposées (PPE) et des organismes à but non lucratif
- Déclaration de soupçons à la CENTIF
- Déclaration de toutes les opérations suspectes à la CENTIF

10. La surveillance permanente et la détection des opérations sensibles[72]

L'objectif de toute surveillance permanente est de maintenir un niveau satisfaisant de risque dans l'exécution des opérations bancaires. Cela présente des avantages à la fois pour la banque et ses clients :

Avantages pour la banque : juguler la fraude ; contrôler les erreurs ; réduire les pertes pour la banque ; minimiser le risque opérationnel et le risque de réputation ; fournir le moyen d'identifier les services à problèmes ; garantir la réalisation des proofs[73] périodiques.

Avantages pour le client : sécurité liée à ses transactions ; protéger les fonds du client ; qualité des délais et respect des délais.

10.1. La surveillance permanente au niveau des opérations de front office :

Dans le souci d'un meilleur contrôle des opérations du front office, il devient impératif de mettre en place des éléments de contrôle de façon à assurer une surveillance permanente sur l'activité de la banque au quotidien.

Les activités concernées sont les suivantes :

---

[72] Point ayant fait l'objet d'un traitement dans le chapitre I.

[73] Anglicisme beaucoup utilisé par les auditeurs internes dans le cadre des vérifications périodiques.

☞Les transferts rapides (western union, money gram, etc.) : les vérifications d'usage doivent se faire à l'envoi ainsi qu'à la réception des fonds.

☞Les cartes monétiques[74] ; GAB/DAB et TPE (Terminaux Paiement Electronique) : il s'agit de vérifier entre autres les chargements de cartes ; de bien faire les arrêtés de GAB/DAB et TPE en s'assurant qu'il n y a pas d'erreur ou d'anomalie ; de s'assurer que les cartes ne sont pas falsifier en regardant toutes les mentions obligatoires (reprise des quatre premiers chiffres en dessous du numéro de la carte, nom du porteur, la date d'échéance, l'hologramme, la signature au verso).

☞les vérifications et règles de sécurité au niveau des opérations de la caisse : les vérifications d'usage au niveau de la caisse concernent les retraits, les versements et les mises à disposition. Pour le cas du retrait d'espèce par chèque, le caissier doit procéder aux vérifications suivantes :

- Réception du chèque renseigné par le client.
- Horodater le chèque
- Vérifier la signature du client
- Vérifier la date de validité du chèque
- Vérifier que le chèque n'est pas frappé d'une opposition
- Vérifier la concordance entre le montant en chiffre et le montant en lettre.
- Vérifier que le chèque n'est pas barré
- Vérifier l'endos du chèque: nom, adresse et signature du bénéficiaire doivent y être apposés.
- S'assurer que la signature à l'endos du chèque est la même que celle sur la pièce d'identité du bénéficiaire.
- Vérifier le solde du compte du client.
- Si le montant du chèque dépasse la limite de confirmation, faire confirmer par le gestionnaire de compte au cas où le bénéficiaire n'est pas le titulaire du compte.
- Procéder à la copie de la pièce d'identité du bénéficiaire tout en vérifiant la validité de ladite pièce.
- Vérifier l'authenticité du chèque en s'assurant que les marques de sécurité sont en place.
- Procéder au paiement du chèque.

---

[74] Depuis le 30 juin 2016, les banques de la zone UEMOA sont passées sur les cartes à puce.

- Lors du paiement indiquer les coupures à l'endos du chèque.
- Remettre les fonds au client accompagnés d'une enveloppe.
- S'assurer que le client compte et reconnaît les fonds.
- Remettre le chèque au client afin qu'il signe en dessous du détail des coupures.
- Reprendre le chèque avec le client et le ranger.

Pour le cas de versement d'espèce au guichet de l'agence, ces vérifications suivantes s'imposent aux caissiers :

- Réception du bordereau renseigné et des fonds du client.
- Vérifier que le bordereau est bien renseigné.
- Horodater le bordereau.
- Compter les fonds en détaillant les coupures et en comparant également le montant compté au montant total sur le bordereau.
- Vérifier l'authenticité des fonds en utilisant un détecteur de faux billet.

Pour les cas de mise à disposition, vérifier l'identité du bénéficiaire en réclamant une pièce d'identité valide et poser la petite question (s'il y en a).

10.2. La surveillance permanente au niveau des opérations de back office :

Le contrôle au niveau des opérations du back office se définit autour de trois aspects :

☞Vérifications d'usages et le pointage
☞L'analyse des comptes
☞L'identification et la résolution des anomalies.

Ce faisant, les contrôles et règles de sécurité au niveau de la gestion des caisses concernent les comptes inter caisses et inter agences, la cession/approvisionnement à la Banque Centrale, l'ouverture de caisse, la fermeture de caisse, la gestion de la salle de tri et la gestion de la chambre forte.

Pour les comptes inter caisses, le caissier doit veiller à :

☞Contrôler les comptes inter caisses qui permettent de retracer la cession du cash entre les caisses secondaires et la caisse principale.
☞Rapprocher quotidiennement les comptes inter caisses.
☞Chaque soir, les caissiers doivent s'assurer que le compte d'espèce en route inter caisse de leur agence est soldé (solde =0)
☞S'il subsiste un suspens, ils doivent rechercher l'opération et la solder le jour même

Pour les comptes inter agences, le caissier doit veiller à :

☞Recevoir en fin de journée « un état des espèces en route » des agences.
☞Contrôler les comptes inter agences (par devise) qui permettront de retracer les espèces en route.
☞Rapprocher les comptes au quotidien.
☞Procéder quotidiennement à la comptabilisation des réceptions ou d'envois des fonds.
☞Chaque soir, les caissiers des agences effectuant des opérations avec la Banque Centrale et le caissier principal doivent s'assurer que leurs compte d'espèce en route inter agence de leur agence est soldé (solde =0).
☞Les seuls suspens doivent correspondre aux fonds confiés à la société de convoyage de fonds et non encore réceptionnés. Les suspens ne peuvent excéder une durée d'un jour.

Pour les cessions/approvisionnements à la Banque Centrale :

☞Chaque soir, les caissiers des agences effectuant des opérations avec la Banque centrale et le caissier principal doivent s'assurer que leurs compte d'espèce en route Banque Centrale de leur agence est soldé (solde =0).
☞Les seuls suspens doivent correspondre aux opérations non encore reprises par le back office trésorerie. Les suspens ne peuvent excéder une durée de 1 jour.

Pour l'ouverture de caisse, Le chef de d'agence et le caissier doivent s'assurer que le relevé d'encaisse d'ouverture édité est conforme au relevé d'encaisse de fermeture édité la veille lors de la clôture des caisses.

Pour la fermeture de caisse, le caissier doit :

☞Procéder au pointage des opérations saisies avec les pièces comptables afin de s'assurer qu'aucune erreur n'a été commise sur les montants, numéros de chèques, numéros de comptes etc. toute erreur doit être corrigée le jour même.
☞procéder à l'inventaire physique exhaustif de sa caisse et reporter les résultats sur le cahier de décomposition d'encaisse.
☞procéder au pointage de toutes les opérations de cessions et approvisionnements saisies dans la journée avec fiches de mouvements de caisse. Le contrôle porte sur les montants et l'exhaustivité des saisies. Toute erreur doit être corrigée le jour même.
☞Procéder à l'inventaire physique de sa réserve et reporter les résultats sur le cahier de décomposition d'encaisse

Pour la gestion de la salle de tri, le caissier principal doit veiller à :

☞Ouvrir les sacs scellés en présence des agents du tri et compter les fonds avant cession.
☞Renseigner correctement la fiche de travail déterminant le montant à trier et la remettre au chef du tri.
☞ Reconnaitre les fonds après le tri, fermer et sceller les sacs en présence de tous.
☞Renseigner le bordereau de versement espèces à la Banque Centrale en concordance avec les sacs préparés et appeler la société de convoyage de fonds pour le transfert à la Banque Centrale.

Pour la gestion de la chambre forte, le caissier principal doit observer les points ci-après :

☞Tenue d'un registre physique des mouvements de fonds de la chambre forte.
☞Tenue d'un registre pour tous les mouvements de personnes de la chambre forte.
☞Contrôle des espèces de la chambre forte avec le solde tous les jours.
☞Vérification de l'adéquation des fonds de la chambre forte avec la limite optimale approuvée par la globale de banque (assurance des encaisses).
☞Etablissement des bordereaux de réserves de fonds, versement ou espèces.

IV. La responsabilité et les devoirs du banquier

1. Les responsabilités contractuelles, délictuelles et pénales

La responsabilité du banquier pourrait se situer à 2 niveaux en l'occurrence le niveau civil et le niveau pénal.

La responsabilité civile du banquier est régie selon le droit commun (droit OHADA). La condamnation aux dommages-intérêts suppose la réunion de 3 principes de base :

- ☞ La constatation d'un dommage
- ☞ L'existence d'un fait générateur qui est le plus souvent une faute professionnelle
- ☞ Le lien de causalité entre le préjudice et l'acte fautif

Le caractère très spécifique de l'activité bancaire (technicité des opérations, mission de service public) contribue au renforcement de cette responsabilité.

En droit civil, la responsabilité de la banque est contractuelle lorsque le dommage a été causé à l'un de ses clients dans l'exécution de ses opérations et délictueuse lorsque le dommage est causé à un tiers.

1-1.La responsabilité contractuelle de la banque

Ici le client doit établir que la banque a commis une faute dans l'exécution de ses opérations qui leur lient contractuellement. Cette faute doit ressortir le caractère négligeant, non conforme aux usages de la profession, du traitement de l'opération occasionnant un préjudice de fait. Dans ce cas, il peut s'agir d'un service de caisse, de crédit, etc.).

Très généralement le banquier est tenu à une obligation de moyens.

1-2.La responsabilité délictuelle de la banque

Elle peut résulter de l'absence de précaution dans la gestion des comptes ou de l'octroi abusif de crédit.

En effet, la banque peut être tenue pour responsable de réparer un préjudice causé par un de ses clients vis-à-vis des tiers en cas octroi de crédit à une entreprise dont on connaît la situation sans issue ; ou une émission de chèque sans provision dans le cas d'interdit bancaire.

La responsabilité pénale des banques peut être engagée en cas de blanchiment de capitaux comme prévue à l'article 42 de la loi uniforme sur le dispositif de lutte contre le blanchiment de capitaux.

Elle peut également être frappée par une décision de justice en cas de procès avec un client. A ce titre, la commission bancaire (BCEAO) est informée des éventuelles sanctions prononcées.

2. Les devoirs d'informer, de s'informer, de surveillance et de mise en garde

Les devoirs du banquier passent par les points ci-après :

Information de la clientèle : le banquier a l'obligation d'informer sa clientèle sur les tarifs de ses prestations de service[75] : affichage du barème général des conditions applicables à la clientèle. Aussi, les titulaires de comptes doivent être tenus informés de toutes les opérations passées sur leurs comptes[76].

S'informer : le banquier doit être à cheval sur les informations dans l'exercice de ses métiers. Ces informations peuvent être de nature économique, sociale, politique, environnementale, et sécuritaire.

Le devoir de surveillance et de mise en garde : conformément aux textes règlementaires, le banquier doit mettre en place un dispositif de contrôle permanent dans le cadre de la détection et la maîtrise des risques liés aux opérations bancaires. Il doit également alerter ses clients concernant certaines exigences du métier (exemple : relance des comptes débiteurs sans mouvements créditeurs significatifs 3 mois et 6 mois). C'est aussi le rôle des instances de contrôle de veiller au grain sur les aspects de surveillance et d'alerte.

3. Le rôle des instances internes de contrôle

En vertu de l'article 2 de la loi portant règlementation bancaire, les banques ont l'obligation de se doter d'un dispositif de contrôle de ges-

---

[75] Décision n°397 de la politique monétaire BCEAO.

[76] Sms banking et internet banking facilitent ces obligations pour les banques en pointe de la technologie.

tion efficace approprié à leur organisation, à la nature, et au volume de leurs activités ainsi qu'aux risques inhérents dont elles sont exposées.

Le système de contrôle interne est encadré par les dispositions de la circulaire N°003-2011/CB/C relative à l'organisation du système de contrôle interne dans les établissements de crédit de l'UMOA.

La circulaire de la Commission Bancaire susmentionnée (article 3) assigne trois grands objectifs au système de contrôle interne :
a) La vérification de la conformité de toutes les opérations réalisées ainsi que l'organisation et les procédures internes conformément aux dispositions légales et règlementaires en vigueur, aux normes et usages professionnels et déontologiques ainsi qu'aux orientations du Conseil d'Administration et de la Direction Générale.
b) S'assurer à tout moment que les directives (orientations, instructions et limites fixées) du Conseil d'Administration en matière de maîtrise de risques sont scrupuleusement respectées.
c) Veiller à la crédibilité des informations comptables et financières notamment les conditions de collecte, d'évaluation, d'enregistrement, de conservation et de disponibilité de cette information.

Le système de contrôle interne doit également permettre le respect du contrôle permanent des opérations bancaires.
En effet, le contrôle permanent des procédures et la maîtrise de risques revient à chaque employé, responsable de son propre autocontrôle (contrôle horizontal ou de premier niveau) et les unités de contrôle, responsables de la qualité du contrôle interne de leurs unités.
Le dispositif de contrôle permanent s'appuie sur une formalisation complète des procédures destinées à identifier, suivre et maîtriser l'ensemble des risques. Il doit prévoir à chaque niveau opérationnel un état de contrôle adapté, qu'il soit hiérarchique ou non, individuel ou collectif, automatisé ou manuel, assimilable à une autorisation ou à une validation. Par conséquent, ces mesures prennent en compte des contrôles croisés, la double signature et la vérification périodique des inventaires des biens et valeurs.
Par ailleurs, dans le cas de groupe bancaire, la responsabilité du contrôle périodique peut être déléguée par le Conseil d'Administration à une filiale ou structure centrale dans le souci d'indépendance et

d'objectivité. Toutefois, le CA, la Direction Générale ainsi que le Comité d'Audit gardent leurs niveaux de responsabilités.

QCM : EVALUONS NOS ACQUIS (fin)

161) La stratégie vise pour une banque à s'installer :
   a) Pour le moyen/long terme
   b) Pour le court terme
   c) Pour voir les possibilités du marché

162) Le diagnostic stratégique passe par :
   a) L'analyse des dirigeants
   b) L'analyse Swot
   c) L'analyse des employés

163) Le Chiffre d'affaires est le :
   a) Le montant des bénéfices
   b) Le montant des charges
   c) Le montant de ventes

164) La culture d'entreprise est un ensemble de manières :
   a) Vrai
   b) Faux

165) Les produits n'ont pas de cycle de vie :
   a) Vrai
   b) Faux

166) Le modèle BCG appliqué à une banque permet de distinguer :
   a) Les produits vedettes
   b) Les charges
   c) Les produits

167) Pour Michel Porter :
   a) 4 forces commandent la concurrence
   b) 5 forces commandent la concurrence
   c) 7 forces commandent la concurrence

168) L'avantage concurrentiel est synonyme de création de valeur
   a) Vrai
   b) Faux

169) La chaîne de valeur permet de faire une analyse informelle de la banque
   a) Vrai
   b) Faux

170) Le plan marketing stratégique (PMS) part de l'analyse des données externes et internes
  a) Vrai
  b) Faux
171) La segmentation de la clientèle permet d'aller vers une bonne politique de l'emploi
  a) Vrai
  b) Faux
172) Le PAC agence est un outil de pilotage commercial
  a) Vrai
  b) Faux
173) La fiche KYC est utilisée lors des opérations de retrait/versement
  a) Vrai
  b) Faux
174) Le client est roi : il paye nos salaires
  a) Vrai
  b) Faux

175) La meilleure technique de prospection est :
  a) L'étude de marché
  b) La recommandation
  c) Le dynamisme
176) Les caissiers/guichetiers ne sont astreints à des objectifs
  a) Vrai
  b) Faux
177) Les risques vol et fraudes sont couverts par la globale assurance
  a) Vrai
  b) Faux
178) Le risque opérationnel n'apparaît pas à tous les niveaux d'activité
  a) Vrai
  b) Faux
179) Une panne momentanée du SIB est un risque opérationnel
  a) Vrai
  b) Faux
180) Recevoir un cadeau d'un client satisfait est
  a) Illégal
  b) Légal
  c) Normal

181) Un caissier doit toujours utiliser son détecteur de faux billets dans une opération de retrait
   a) Vrai
   b) Faux
182) Un caissier se doit de reconnaître les identités des clients
   a) Vrai
   b) Faux
183) Les guichetiers et caissiers n'ont rien à avoir avec la sécurité de l'agence
   a) Vrai
   b) Faux
184) Il faut toujours confirmer par téléphone le paiement d'un chèque au guichet
   a) Vrai
   b) Faux
185) La banque doit apprendre de ses propres erreurs
   a) Vrai
   b) Faux
186) Les faux billets doivent être retirés de la circulation
   a) Vrai
   b) Faux
187) Les mandataires peuvent agir comme les signataires titulaires
   a) Vrai
   b) Faux
188) Le pouvoir des mandataires est sans limite quand c'est spécifié dans leurs procurations
   a) Vrai
   b) Faux
189) Le banquier est tenu à une obligation de moyens
   a) Vrai
   b) Faux
190) La diversification est une orientation stratégique
   a) Vrai
   b) Faux
191) Les banques ont l'obligation règlementaire d'élaborer des plans stratégiques
   a) Vrai
   b) Faux
192) Le cycle de vie du produit commence par la phase de maturité

a) Vrai
b) Faux

193) Le domaine d'activité stratégique est synonyme de métier
a) Vrai
b) Faux

194) La banque universelle est la banque à tout faire
a) Vrai
b) Faux

195) Le service caisse gère les encaisses de l'ensemble du réseau
a) Vrai
b) Faux

196) La fidélisation clientèle doit se baser sur politique appropriée
a) Vrai
b) Faux

197) L'animation de l'agence ne relève pas du chef d'agence
a) Vrai
b) Faux

198) Le chef d'agence supervise les caisses de son agence
a) Vrai
b) Faux

199) Les nouvelles technologies n'ont pas d'impact sur les opérations bancaires
a) Vrai
b) Faux

200) Le paiement mobile offre de nouvelles opportunités pour les banques innovantes
a) Vrai
b) Faux

201) Le risque opérationnel peut être totalement éliminé dans une banque
a) Vrai
b) Faux

CONCLUSION GENERALE

Au terme de la rédaction de cet ouvrage, qui se veut un outil pratique dans les mains de ceux qui travaillent dans les opérations bancaires, nous constatons que le métier de guichetier/caissier a beaucoup évolué sous la contrainte de trois (03) éléments clés à savoir : l'usage et l'impact des nouvelles technologies ; le renforcement de la gestion des risques liés ; et la consolidation du dispositif sécuritaire.

Concernant l'usage des nouvelles technologies, on note les guichets/distributeurs automatiques de billes (GAB/DAB), les cartes monétiques et les opérations multi banques. Dans le souci de dépondre à une clientèle mobile et dans la recherche de nouveaux clients en vue d'améliorer le produit net bancaire[77]de l'activité monétique, les GAB/DAB ont beaucoup évolué en fonctionnalités. Ainsi, les modules possibles d'installation sur le GAB/DAB sont :

- ☞ L'émission et acceptation de cartes prépayées internationales Visa et Mastercard ;
- ☞ Le guichet de dépôt ;
- ☞ Le transfert d'argent à partir du GAB/DAB ;
- ☞ Le virement compte à compte à partir du GAB/DAB et paiements de factures (eau, électricité, abonnements, etc.)
- ☞ Etc.

Pour les cartes monétiques, on est passé des cartes à piste moins sécurisées aux cartes à puce plus sécurisées. Les opérations multi banques sont possibles via une application mobile (banque à distance). Avec la multibancarité, vous pouvez consulter vos comptes auprès de plusieurs banques voire donner des ordres de virements et de transferts. La banque devient une simple application mobile dans votre main. Et, vous gérez vos comptes étant chez vous ou nulle part ailleurs (découverts, alertes, virements, transferts, etc.).

---

[77] Dans une entreprise industrielle la marge sur coût variable doit permettre de couvrir les coûts fixes pour dégager des bénéfices. Dans une banque, cette marge est synonyme de PNB (Produit Net Bancaire) obtenue par la sommation des marges nettes résultant des trois lignes d'activités possibles : marge d'intérêt ; +/- value ; revenus nets des commissions.

Subséquemment, ces nouvelles technologies susmentionnées ont eu des impacts notoires sur les activités de guichet/caisse d'une agence bancaire. En effet, elles ont permis de rendre très rapides les opérations de guichet/caisse avec une certaine flexibilité dans la prise en charge des opérations clientèle. Du coup, les opérations classiques de caisse (retraits/versements) se sont dématérialisées à travers le désengorgement des agences bancaires. Sauf cas de force majeure sinon beaucoup de clients ont appris à gérer leurs comptes à distance via les nouvelles technologies (internet, mobile, GAB/DAB, etc.).

Toutefois, ces nouvelles technologies ont par ailleurs amené de nouvelles contraintes en matière de renforcement de la gestion des risques liés (fraudes, détournements, vols, cybercriminalité, etc.). D'où la nécessité de mise en place d'un dispositif de surveillance permanente des risques à travers des procédures internes plus rigoureuses et bien ficelées. L'autre contrainte majeure est la lutte contre le blanchiment de capitaux et le financement du terrorisme (LBCFT). En la matière, le banquier est soumis à des obligations de vigilance et des obligations de déclarations conformément aux textes légaux et règlementaires.

En outre, dans un contexte d'insécurité grandissante (menaces terroristes et/ou djihadistes, banditisme, etc.) les banques sont en consolidation permanente de leur dispositif sécuritaire. Il s'agit bien évidemment de la sécurité physique (accès aux locaux, coffres, logistique, etc.) et de la sécurité logique (système d'information bancaire). En matière de sécurité, la tendance est à l'utilisation de système de plus en plus sophistiqué et ultra sécurisé.

En clair, les guichetiers/caissiers doivent intégrer dans leurs quotidiens l'usage des nouvelles technologies ainsi que la maitrise des risques liés dans un contexte d'insécurité à prendre très au sérieux.

En somme, pour faire face à ses nouveaux défis et enjeux, les collaborateurs guichetiers/caissiers de banque doivent bénéficier de formations continues et polyvalentes pour améliorer leurs compétences et, qui-plus-est, faire face aux besoins d'une clientèle de plus en plus exigeante et très vigilante.

A cet égard, nous osons espérer que ce livre sera d'un apport indéniable pour, à la fois, les praticiens des opérations bancaires et les étudiants aspirant à l'exercice du métier bancaire. Nous sommes, toutefois, preneurs de toute observation du lecteur qui permettrait d'en améliorer le contenu.

QCM : ELEMENTS DE REPONSES

INTRODUCTION GENERALE

1) Les spécificités de l'activité bancaire s'appréhendent par :
   a) Le métier d'intermédiation
   b) L'argent : matière première
   c) La création monétaire
   d) Le quasi-monopole des opérations de change
   e) Les principales activités : *dépôts/crédits et services*
   f) Tous les points susmentionnés
2) La banque peut créer de la monnaie dans les :
   a) Opérations de dépôts
   b) Opérations de crédits
   c) Aucunes des deux opérations mentionnées
3) Le multiplicateur de crédit veut dire :
   a) La banque divise ses nouveaux prêts par un effet multiplicateur
   b) La banque diminue ses prêts par multiplication des encours
   c) Les crédits font les dépôts et vice versa
4) Le change manuel se fait :
   a) A la banque
   b) Aux bureaux de change
   c) Tous les deux

Parmi les modèles de banque universelle, on peut citer :
   a) Le modèle agrégé
   b) Le modèle intégré
   c) Le modèle architecture fermé
   d) Le modele architecture ouverte
   e) Le modèle banque à distance (internet et mobile)
5) Les services fournis par la banque génèrent des :
   a) Intérêts
   b) Commissions
   c) Charges
6) Les crédits accordés par la banque génèrent des :
   a) Intérêts
   b) Commissions
   c) Charges
7) Les dépôts collectés par la banque génèrent des :
   a) Intérêts
   b) Commissions
   c) Charges

CHAPITRE I :

8) La fonction de guichetier payeur implique 3 savoirs :
   a) La connaissance
   b) La compétence
   c) Le comportement
   d) Le savoir parlé

9) Le guichetier ne traite pas les opérations suivantes
   a) Remise de chèque
   b) Retrait/versement
   c) Crédits commerciaux
   d) Adjudications de bons

10) Le guichetier doit comprendre :
   a) Le marché bancaire et ses textes
   b) L'accueil clientèle
   c) Les produits bancaires
   d) Uniquement les deux premiers points

11) Le guichetier ne doit pas faire les tâches suivantes
   a) Les ventes croisées
   b) Les ouvertures de compte
   c) L'approvisionnement de la caisse principale

12) Le guichetier ne peut pas opposer le secret bancaire en face :
   a) Des ayants droits du client
   b) Des administrations : fisc, douane, banque centrale, commission bancaire
   c) Des autres banquiers y compris ses collègues

13) Dans le cadre de la lutte contre le blanchiment de capitaux, le guichetier est tenu à plusieurs obligations :
   a) Vigilance
   b) Relance
   c) Déclaration
   d) Appel

14) Les déclarations de soupçons auprès de la :
   a) CENTIF
   b) SENTIF
   c) CENETIF

15) Les obligations de vigilance demandent :
   a) La surveillance des opérations supérieures à 5 millions FCFA
   b) La surveillance des opérations inférieures à 5 millions FCFA

c) De ne rien faire

16) Les obligations de déclaration de soupçon demandent :
   a) La surveillance des opérations supérieures à 100 millions FCFA
   b) La surveillance des opérations inférieures à 50 millions FCFA
   c) La surveillance des opérations supérieures à 10 millions FCFA
   d) De ne rien faire

17) Le chèque est une monnaie :
   a) Divisionnaire
   b) Fiduciaire
   c) Scripturale

18) Le chèque fait intervenir 3 personnes :
   a) Le tiré
   b) Le trieur
   c) Le tireur
   d) Le guichetier
   e) Le bénéficiaire

19) On peut antidater un chèque pour un paiement futur
   a) Vrai
   b) Faux

20) Le chèque peut servir d'instrument de garantie
   a) Vrai
   b) Faux

21) En cas de différence entre le montant en lettres et le montant en chiffres, le montant en chiffres est retenu par le guichetier
   a) Vrai
   b) Faux

22) Un chèque pré barré n'est pas endossable
   a) Vrai
   b) faux

23) Un chèque non barré n'est pas endossable
   a) Vrai
   b) Faux

24) Le chèque comporte :
   a) 6 mentions obligatoires
   b) 8 mentions obligatoires
   c) 5 mentions obligatoires

25) Citez les mentions obligatoires d'un chèque : 6

26) Citez les mentions facultatives d'un chèque : 2

27) Citez les délais de présentation d'un chèque sur place et hors place : 8 jrs ; 20 jrs ; 45 jrs et 75 jrs

28) La seule signature de l'endos du chèque vaut endossement
   a) Vrai
   b) faux

29) Pour le paiement d'un chèque, le banquier est astreint à la confirmation téléphonique
   a) Vrai
   b) Faux

30) Parmi les garanties de chèque on peut retenir :
   a) La caution
   b) Le visa
   c) La certification
   d) La solidarité

31) Avant tout paiement d'un chèque, le guichetier doit s'assurer :
   a) De la disponibilité des fonds
   b) Que le chèque est sous opposition
   c) Que le chèque est barré

32) Avant tout paiement en faveur d'un tiers, le guichetier doit :
   a) vérifier l'identité du bénéficiaire ;
   b) s'assurer de la régularité du chèque (mentions obligatoires, délai de validité, absence d'opposition, absence de barrement) ;
   c) s'assurer de l'identité des endosseurs et endossataires ; et
   d) la disponibilité des fonds.
   e) au moment du paiement, le client doit signer en bas de la mention « pour acquit »
   f) Tous les points mentionnés

33) Un chèque encaissé par l'intermédiaire de la banque, le sort est connu sous :
   a) 48 heures
   b) 72 heures
   c) 24 heures

34) En absence de provision, le chèque est :
   a) Remis au bénéficiaire selon l'article 100 du R15
   b) Remis à la banque centrale selon l'article 110 du R15
   c) Rejeté selon l'article 115 du R15

35) Les cas de décès et d'incapacité après l'émission du chèque peuvent entrainer une opposition au chèque
   a) Vrai
   b) Faux

36) Quatre (04) motifs sont valables pour faire une opposition au chèque :
   a) Perte
   b) Vol
   c) oubli
   d) Fraude
   e) Sans provision
   f) Procédure collective

37) Le chèque peut être payé partiellement à concurrence de la provision

a) Vrai
b) Faux

38) Un chèque sans provision non régularisé dans les 30 jours amène à :
a) Une lettre d'avertissement
b) Une lettre valant interdit bancaire pendant 5 ans
c) Paiement de 10% de pénalité libératoire au profit du Trésor Public pour lever l'interdiction bancaire
d) Tous les points mentionnés.

39) En matière de chèque, des sanctions pénales sont également prévues (falsification, contrefaction, etc.)
a) Vrai
b) Faux

40) La traite est une monnaie :
a) Divisionnaire
b) Fiduciaire
c) Scripturale

41) La traite fait intervenir 3 personnes :
a) Le tiré
b) Le trieur
c) Le tireur
d) Le guichetier
e) Le bénéficiaire

42) Quelles sont les mentions obligatoires de la lettre de change : 5 ou 8

43) En cas de différence entre le montant en chiffres et le montant en lettres, le montant en chiffres prédomine
a) Vrai
b) faux

44) La lettre de change comprend :
a) 5 mentions obligatoires
b) 6 mentions obligatoires
c) 8 mentions obligatoires

45) La traite à vue doit être présentée au paiement dans un délai de :
a) 2 ans
b) 1 an
c) 6 mois

46) L'acceptation veut dire que :
a) Le tiré reconnaisse la provision et s'engage à payer l'effet à l'échéance
b) Le tireur reconnaisse la provision et s'engage à payer l'effet à l'échéance
c) Le bénéficiaire reconnaisse la provision et s'engage à payer l'effet à l'échéance

La simple signature à l'endos de la lettre de change vaut :

a) Endosseur
b) Endossataire
c) Endossement

47) Le porteur d'un effet a le droit d'agir individuellement et collectivement sans aucun ordre ni rang contre toutes ces personnes pour demander son paiement

a) Solidarité des signataires
b) Solidarité des débiteurs
c) Solidarité des payeurs

48) Le protêt est un acte authentique qui constate :

a) Le paiement
b) Le non-paiement
c) Le paiement partiel

49) En cas de perte ou de procédure collective, l'opposition au paiement de la traite n'est pas admise

a) Vrai
b) Faux

50) Le billet à ordre fait intervenir :

a) Le souscripteur
b) Le bénéficiaire
a) Le tiré
b) Le tireur

51) Dans le billet à ordre c'est le bénéficiaire qui prend l'initiative du paiement

a) Vrai
b) Faux

52) Contrairement à la traite, le BO est à la fois un acte commercial et un acte civil

a) Vrai
b) Faux

53) Le BO comporte :

a) 7 mentions obligatoires
a) 5 mentions obligatoires
b) 6 mentions obligatoires

54) Citez les mentions obligatoires du BO

55) Le souscripteur d'un billet à ordre n'est pas obligé de la même manière que l'accepteur d'une traite

a) Vrai
b) Faux

56) Dans la pratique, on distingue les cartes de retrait et les cartes de paiement

a) Vrai
b) Faux

57) Les cartes monétiques sont moins sécurisées que le chèque

a) Vrai
b) Faux

58) Lors de la délivrance de la carte, la banque ne transmet pas le code secret

a) Vrai
b) Faux

59) La validité de la carte est :

a) 2 ans

b) 3 ans
c) 1 an
d) 6 mois

60) Ces services sont offerts à titre gratuit dans la zone UEMOA :
a) Retrait au guichet de la banque
b) Paiement avec la carte
c) Retrait au guichet du confrère

61) Dans quels cas de figure fait-on une opposition au paiement d'une carte bancaire
a) Perte
b) Vol
c) Fraude
d) Procédures collectives
e) Tous les points mentionnés

62) En matière d'infraction relative à la carte bancaire, le banquier doit d'abord consulter la centrale des incidents de paiement
a) Vrai
b) Faux

63) Le virement fait intervenir :
a) Le donneur d'ordre
b) Le bénéficiaire
c) Le tireur
d) Le tiré

64) Les dates de valeur pour le virement sont :
a) J-1 pour le virement émis
b) J+1 pour le virement reçu
c) J-2 pour le virement émis
d) J+2 pour le virement reçu

65) Les virements de compte à compte et les virements reçus sont facturés à la clientèle
a) Vrai
b) Faux

66) Quel est le but de la compensation interbancaire : extinction mutuelle des créances réciproques

67) Il existe deux grandes étapes de la compensation interbancaire : aller compensation et le retour compensation
a) Vrai
b) Faux

68) Toute personne justifiant d'un revenu régulier d'au moins 50.000 FCFA a droit à l'ouverture d'un compte
a) Vrai
b) Faux

69) En cas de refus de 3 banques successifs pour vous ouvrir un compte bancaire, la banque centrale ne peut désigner aucune banque d'office
a) Vrai

b) Faux

70) Pour un particulier salarié, quel type de compte convient :

a) Compte chèque
b) Compté étranger
c) Compte commercial
d) Compte épargne

71) Pour un commerçant, quel type de compte convient :

a) Compte joint
b) Compte étranger
c) Compte commercial

72) Une créance inscrite sur le compte commercial subit le principe de la novation en devenant un simple article de ce compte

a) Vrai
b) Faux

73) Le montant maximum des avoirs en comptes et livrets d'épargne est fixé par une limite de placement d'un plafond de 10 millions de francs CFA par les personnes physiques

a) Vrai
b) Faux

74) Les plans épargnes ne donnent pas droit au bénéfice d'un crédit à l'issue de la période de placement convenue

a) Vrai
b) Faux

75) Les DAT concernent uniquement les sociétés

a) Vrai
b) Faux

76) Le compte joint désigne obligatoirement des personnes en couple

a) Vrai
b) Faux

77) La validité d'un compte intérieur en devise est de :

a) 1 an
b) 2 ans
c) 3 ans

78) La validité d'un compte étranger est de :

a) 1 an
b) 2 ans
c) 3 ans

79) Dans une opération d'ouverture de compte, le guichetier doit :

a) Vérifier uniquement l'identité du client
b) Remplir uniquement la fiche KYC
c) S'assurer uniquement de la capacité juridique du client
d) Le tout

80) La saisie attribution permet de rendre inactif les sommes détenues par un tiers

a) Vrai

b) Faux

81) L'avis à tiers détenteur permet au fisc de récupérer leurs créances impayées
   a) Vrai
   b) Faux

82) Les produits de la télématique sont :
   a) Internet
   b) Monétique
   c) Assurance

83) Une offre packagée ne correspond pas du tout à la vente croisée de plusieurs produits
   a) Vrai
   b) Faux

84) Les opérations de retraits/versement ont pour date de valeur :
   a) J-1
   b) J+1
   c) J

CHAPITRE II :

85) L'accueil clientèle ne relève pas du guichetier
   a) Vrai
   b) Faux

86) La fonction de guichetier requiert uniquement des compétences techniques
   a) Vrai
   b) Faux

87) Le guichetier ne s'occupe pas des opérations suivantes :
   a) Réclamation
   b) Opérations de guichet (retrait/versement ; certification, etc.)
   c) Crédits
   d) Versement banque centrale

88) Le guichetier est un vendeur de produits bancaires et financiers
   a) Vrai
   b) Faux

89) Le guichetier doit faire le pointage de la caisse en fin de journée
   a) Vrai
   b) Faux

90) Les dépôts d'espèce et les retraits d'espèce au guichet sont facturés à la clientèle
   a) Vrai
   b) Faux

91) Lors d'un versement inhabituel de 10 millions FCFA, on procède à :
   a) Au rejet des fonds
   b) A l'enregistrement dans un registre LBCFT

c) A la déclaration de vol

92) En cas de détection de faux billets, le caissier les retourne au client

a) Vrai

b) Faux

93) Lors d'un retrait inhabituel de 10 millions FCFA, on procède à :

a) Au rejet de l'opération

b) A l'enregistrement dans un registre LBCFT

c) A la déclaration de tentative de fraude

94) La validité d'un chèque est de :

a) 3 ans 8 jours

b) 2 ans 8 jours

c) 1 an 8 jours

95) En cas d'anomalie/erreur de caisse, le caissier est tenu de la gérer en toute discrétion

a) Vrai

b) Faux

96) Face à un niveau d'encaisse forte, le caissier doit procéder immédiatement à l'approvisionnement de sa caisse

a) Vrai

b) Faux

97) Face à un niveau d'encaisse faible, le caissier doit procéder immédiatement à la cession de fonds

a) Vrai

b) Faux

98) Un caissier doit toujours faire le recomptage des billets et pièces reçus

a) Après le départ du client

b) Devant le client au guichet

c) Après la validation en cours

99) Le plafond d'encaisse est l'encaisse minimale à garder dans sa caisse en fin de chaque journée

a) Vrai

b) Faux

100) Quand un caissier constate un manquant dans sa caisse, cela veut dire :

a) Il a donné plus d'argent à un client

b) Il a donné moins d'argent à un client

c) Il a intentionnellement pris les fonds pour lui même

101) Quand un caissier constate un excédent dans sa caisse, cela veut dire :

a) Il a donné plus d'argent à un client

b) Il a donné moins d'argent à un client

c) Il a intentionnellement pris les fonds pour lui-même

102) Quand le manquant de caisse dépasse un montant de 30.000 FCFA, ce dernier doit recevoir :

a) Un blâme

b) Une demande d'explication
c) Un avertissement verbal

103) Quand l'excédent de caisse dépasse un montant de 30.000 FCFA, ce dernier do recevoir :
a) Un avertissement verbal
b) Un blâme
c) Une demande d'explication

104) Quand un client n'est pas d'accord avec les billetages au guichet lors d'une opération de retrait/versement, alors on doit :
a) Immédiatement arrêter cette caisse
b) Sensibiliser le client
c) Dire que le client à tort

105) Pour tout retrait/versement à la Banque Centrale, le trésorier doit être consulté a préalable :
a) Vrai
b) Faux

106) Le caissier principal ne peut pas forcement connaître la situation des encaisses dans chaque caisse secondaire :
a) Vrai
b) Faux

107) L'arrêté d'une caisse de devises se fait devise par devise
a) Vrai
b) Faux

108) La gestion du coffre-fort siège relève du caissier secondaire
a) Vrai
b) Faux

109) Le compte espèce en route inter caisse doit être soldé en fin de journée
a) Vrai
b) Faux

110) La surveillance permanente ne permet pas de réduire totalement le risque opérationnel
a) Vrai
b) Faux

111) Les banques primaires ont l'obligation de faire des versements/retraits à la Banque Centrale
a) Vrai
b) Faux

112) La salle de tri est accessible à tout le monde
a) Vrai
b) Faux

113) La technique des arrêtés de caisse est faire des rapprochements (journal/balance/espèce physique) :

a) Chaque jour
b) Chaque semaine
c) Chaque mois

114) Les voyageurs résidents ne peuvent pas dépasser 2 millions FCFA de liquides par personne et par voyage
a) Vrai
b) Faux

115) Les voyageurs non-résidents ont une obligation de déclaration à la sortie et l'entrée d'un pays Uemoa quand le montant en leur possession dépasse 1 million FCFA
a) Vrai
b) Faux

116) L'exercice de l'activité de change manuel ne nécessite pas d'agrément
a) Vrai
b) Faux

117) La prospection consiste à la fidélisation de la clientèle à travers un bon accueil
a) Vrai
b) Faux

118) Les convoyeurs de fonds sont des partenaires de la Banque via un contrat
a) Vrai
b) Faux

119) Un service de caisse centrale est l'organe de supervision appropriée de l'ensemble des caisses du réseau
a) Vrai
b) Faux

120) Le chef d'agence ne s'occupe pas de la gestion des caisses
a) Vrai
b) Faux

121) Le caissier doit être au contact de la clientèle comme les commerciaux
a) Vrai
b) Faux

122) Les coffres forts se trouvent très généralement à l'entrée de l'agence
a) Vrai
b) Faux

123) Le Directeur des Opérations n'a rien à faire comme tâches lors de la gestion des plafonds d'encaisses
a) Vrai
b) Faux

124) La commande des fonds à la Banque Centrale se fait un jour en avance
a) Vrai
b) Faux

125) L'auto contrôle permet de limiter le risque opérationnel
a) Vrai
b) Faux

126) Les arrêtés mensuels se font sous la direction de l'audit interne
   a) Vrai
   b) Faux

127) Les arrêtés de caisse sont matérialisés par un memo
   a) Vrai
   b) Faux

128) La salle de tri relève de la gestion du Directeur Commercial
   a) Vrai
   b) Faux

129) Quand le rouleau est épuisé, le GAB/DAB ne s'arrête pas de fonctionner
   a) Vrai
   b) Faux

130) Les GAB/DAB comportent des cassettes pour leur fonctionnement
   a) Vrai
   b) Faux

131) Dans le change manuel la banque ne réalise pas de gains
   a) Vrai
   b) Faux

132) L'absence de file d'attente fait partie des objectifs du caissier
   a) Vrai
   b) Faux

133) La surveillance permanente concerne :
   a) Le front office
   b) La Banque Centrale
   c) Les chauffeurs

134) Le back office s'occupe de :
   a) La gestion des comptes
   b) Des paiements au guichet
   c) L'analyse des comptes

135) Le suspens de caisse doit être géré le :
   a) Même jour
   b) Le mois prochain
   c) La semaine prochaine

136) Un registre doit retracer les mouvements de fonds de la :
   a) Salle de tri
   b) Chambre forte
   c) De la caisse

137) La mise à jour de la fiche signalétique est du ressort du :
   a) Front office
   b) Back office
   c) Middle office

138) La déclaration des comptes à la Banque Centrale se fait:
   a) Chaque semaine
   b) Chaque mois

c) Chaque jour

139) Le contrôle de gestion s'intéresse à la caisse pour le motif de :

a) Performance
b) Contrôle
c) Sanction

140) L'audit interne s'intéresse à la caisse pour le motif de :

a) Performance
b) Contrôle
c) Blâme

141) Le guichetier peut évoluer vers un poste de conseiller clientèle

a) Vrai
b) Faux

142) Un versement espèce ne nécessite pas de bordereau

a) Vrai
b) Faux

143) Un retrait espèce peut se faire sans son chéquier

a) Vrai
b) Faux

144) Les versements espèce ainsi que les retraits espèce sont facturés différemmen par les banques

a) Vrai
b) Faux

145) La relation Banque Centrale/Banques commerciales s'arrête seulement aux opérations de versement/retrait

a) Vrai
b) Faux

146) Les caissiers doivent toujours fermer leurs portes d'accès

a) Vrai
b) Faux

147) La salle de tri est ouverte au public

a) Vrai
b) Faux

148) Le caissier central doit arrêter sa propre caisse

a) Vrai
b) Faux

149) Le caissier n'est pas soumis aux inventaires de l'audit interne

a) Vrai
b) Faux

150) Le gestionnaire de compte peut confirmer le paiement d'un chèque

a) Vrai
b) Faux

151) Les clients indélicats sont fichiers aux guichets

a) Vrai
b) Faux

152) Les écritures comptables de manquant/excédent doivent être temporaires
a) Vrai
b) Faux

153) Les caissiers ne tiennent plus de livres de caisse
a) Vrai
b) Faux

154) La gestion des risques est l'affaire de la Direction des risques
a) Vrai
b) Faux

155) La satisfaction clientèle est seulement l'affaire des guichetiers
a) Vrai
b) Faux

156) Les comptes inter caisses sont rapprochés chaque mois
a) Vrai
b) Faux

157) Les suspens doivent être soldés et justifiés
a) Vrai
b) Faux

158) Les cartes à puces sont plus sécurisées que les cartes à pistes
a) Vrai
b) Faux

159) Les GAB/DAB sont arrêtés comme les caisses
a) Vrai
b) Faux

CHAPITRE III :

160) La stratégie vise pour une banque à s'installer :
a) Pour le moyen/long terme
b) Pour le court terme
c) Pour voir les possibilités du marché

161) Le diagnostic stratégique passe par :
a) L'analyse des dirigeants
b) L'analyse Swot
c) L'analyse des employés

162) Le Chiffre d'affaires est le :
a) Le montant des bénéfices
b) Le montant des charges
c) Le montant de ventes

163) La culture d'entreprise est un ensemble de manières :
c) Vrai
d) Faux

164) Les produits n'ont pas de cycle de vie :
   a) Vrai
   b) Faux
165) Le modèle BCG appliqué à une banque permet de distinguer :
   a) Les produits vedettes
   b) Les charges
   c) Les produits
166) Pour Michel Porter :
   a) 4 forces commandent la concurrence
   b) 5 forces commandent la concurrence
   c) 7 forces commandent la concurrence
167) L'avantage concurrentiel est synonyme de création de valeur
   a) Vrai
   b) Faux
168) La chaîne de valeur permet de faire une analyse informelle de la banque
   a) Vrai
   b) Faux
169) Le plan marketing stratégique (PMS) part de l'analyse des données externes internes
   a) Vrai
   b) Faux
170) La segmentation de la clientèle permet d'aller vers une bonne politique de l'emploi
   a) Vrai
   b) Faux
171) Le PAC agence est un outil de pilotage commercial
   a) Vrai
   b) Faux
172) La fiche KYC est utilisée lors des opérations de retrait/versement
   a) Vrai
   b) Faux
173) Le client est roi : il paye nos salaires
   a) Vrai
   b) Faux

174) La meilleure technique de prospection est :
   a) L'étude de marché
   b) La recommandation
   c) Le dynamisme
175) Les caissiers/guichetiers ne sont astreints à des objectifs
   a) Vrai
   b) Faux
176) Les risques vol et fraudes sont couverts par la globale assurance
   a) Vrai

b) Faux

177) Le risque opérationnel n'apparaît pas à tous les niveaux d'activité

a) Vrai

b) Faux

178) Une panne momentanée du SIB est un risque opérationnel

a) Vrai

b) Faux

179) Recevoir un cadeau d'un client satisfait est

a) Illégal

b) Légal

c) Normal

180) Un caissier doit toujours utiliser son détecteur de faux billets dans une opération de retrait

a) Vrai

b) Faux

181) Un caissier se doit de reconnaître les identités des clients

a) Vrai

b) Faux

182) Les guichetiers et caissiers n'ont rien à avoir avec la sécurité de l'agence

a) Vrai

b) Faux

183) Il faut toujours confirmer par téléphone le paiement d'un chèque au guichet

a) Vrai

b) Faux

184) La banque doit apprendre de ses propres erreurs

a) Vrai

b) Faux

185) Les faux billets doivent être retirés de la circulation

a) Vrai

b) Faux

186) Les mandataires peuvent agir comme les signataires titulaires

a) Vrai

b) Faux

187) Le pouvoir des mandataires est sans limite quand c'est spécifié dans leurs procurations

a) Vrai

b) Faux

188) Le banquier est tenu à une obligation de moyens

a) Vrai

b) Faux

189) La diversification est une orientation stratégique

a) Vrai

b) Faux

190) Les banques ont l'obligation règlementaire d'élaborer des plans stratégiques

a) Vrai
b) Faux

191) Le cycle de vie du produit commence par la phase de maturité
a) Vrai
b) Faux

192) Le domaine d'activité stratégique est synonyme de métier
a) Vrai
b) Faux

193) La banque universelle est la banque à tout faire
a) Vrai
b) Faux

194) Le service caisse gère les encaisses de l'ensemble du réseau
a) Vrai
b) Faux

195) La fidélisation clientèle doit se baser sur politique appropriée
a) Vrai
b) Faux

196) L'animation de l'agence ne relève pas du chef d'agence
a) Vrai
b) Faux

197) Le chef d'agence supervise les caisses de son agence
a) Vrai
b) Faux

198) Les nouvelles technologies n'ont pas d'impact sur les opérations bancaires
a) Vrai
b) Faux

199) Le paiement mobile offre de nouvelles opportunités pour les banques innovantes
a) Vrai
b) Faux

200) Le risque opérationnel peut être totalement éliminé dans une banque
a) Vrai
b) Faux

REFERENCES BIBLIOGRAPHIQUES

Arnaud Bernard, J.-M. B. (2008). *L'essentiel des techniques bancaires.* Paris: Eyrolles.

Banque, O. d. (2014). *étude sur les métiers du risque et du contrôle dans la banque .* Paris: Observatoire des métiers de la Banque.

BCEAO. (2000). *Plan Comptable Bancaire (PCB) de la zone UEMOA.* Dakar: BCEAO.

BCEAO. (2005). *le dispositif de lutte contre le blanchiment de capitaux et le financement du terrorisme dans l'union économique et monétaire ouest africaine (UEMOA).* Dakar: BCEAO.

BCEAO. (2011). *Textes d'application de la Loi portant règlementation bancaire.* Dakar: BCEAO.

BCEAO. (2016). *Recueil des textes légaux et règlementaires.* Dakar: BCEAO.

Coussergues, S. d. (2005). *Gestion de la banque.* Paris: Dunod.

MARCHESNAY, M. (2004). *Management stratégique.* Paris: ADREG.

OGIEN, D. (2005). *Comptabilité et audit bancaire.* Paris : Dunod.

ROLLANDE, L. B. (2006). *Principe de techniques bancaire.* Paris : DUNOD.

ROUYER, G., & CHOINEL, A. (2001). *La banque et l'entreprise.* Paris: collection Banque ITB.

Sidibé, T. (2016). *La pratique de l'activité bancaire et financière en Zone UEMOA.* Paris: L'Harmattan.

Sidibé, T. (2016). *L'essentiel du management d'une banque commerciale.* Paris: L'Harmattan.

INDEX ALPHABETIQUE

A

B

C

D

E

F

G

I

J

L

M

O

P

Q

R

S

T

U

V

TABLE DES MATIERES

TABLE DES ILLUSTRATIONS TABLEAUX

FIGURES

L'HARMATTAN ITALIA
Via Degli Artisti 15; 10124 Torino
harmattan.italia@gmail.com

L'HARMATTAN HONGRIE
Könyvesbolt ; Kossuth L. u. 14-16
1053 Budapest

L'HARMATTAN KINSHASA
185, avenue Nyangwe
Commune de Lingwala
Kinshasa, R.D. Congo
(00243) 998697603 ou (00243) 999229662

L'HARMATTAN CONGO
67, av. E. P. Lumumba
Bât. – Congo Pharmacie (Bib. Nat.)
BP2874 Brazzaville
harmattan.congo@yahoo.fr

L'HARMATTAN GUINÉE
Almamya Rue KA 028, en face
du restaurant Le Cèdre
OKB agency BP 3470 Conakry
(00224) 657 20 85 08 / 664 28 91 96
harmattanguinee@yahoo.fr

L'HARMATTAN MALI
Rue 73, Porte 536, Niamakoro,
Cité Unicef, Bamako
Tél. 00 (223) 20205724 / +(223) 76378082
poudiougopaul@yahoo.fr
pp.harmattan@gmail.com

L'HARMATTAN CAMEROUN
TSINGA/FECAFOOT
BP 11486 Yaoundé
699198028/675441949
harmattancam@yahoo.com

L'HARMATTAN CÔTE D'IVOIRE
Résidence Karl / cité des arts
Abidjan-Cocody 03 BP 1588 Abidjan 03
(00225) 05 77 87 31
etien_nda@yahoo.fr

L'HARMATTAN BURKINA
Penou Achille Some
Ouagadougou
(+226) 70 26 88 27

L'HARMATTAN SÉNÉGAL
10 VDN en face Mermoz, après le pont de Fann
BP 45034 Dakar Fann
33 825 98 58 / 33 860 9858
senharmattan@gmail.com / senlibraire@gmail.com
www.harmattansenegal.com

www.ingramcontent.com/pod-product-compliance
Lightning Source LLC
LaVergne TN
LVHW011455061026
849535LV00004BA/1097

* 9 7 8 2 3 4 3 1 2 3 1 6 5 *